Astrología

Una guía para principiantes sobre los horóscopos y los 12 signos del zodiaco para dominar tu destino y tu crecimiento espiritual. Encontrarte a ti mismo y a los demás a través de la numerología y el ascenso kundalini [Astrology, Spanish Edition]

Michelle Alcantara

Table of Contents

Introducción a la Astrología y las influencias celestes

Felicitaciones por la descarga de "Astrología: Una guía para principiantes a entenderse a sí mismo y otros a través de los 12 signos del zodíaco y los horóscopos para el crecimiento espiritual. Dominar su destino gracias a la numerología y Kundalini Rising (Émpata)" y gracias por hacerlo.

La importancia de la astrología sigue siendo notable a numerosas sociedades. Los individuos de la India y China ponen increíble confianza en la adivinación aún hoy en día. Ellos practican el arte de la adivinación en su vida diaria y opciones significativas de base de la ciencia.

En este momento vanguardia de la innovación y la ciencia con contemplaciones heterodoxas e ideas, ¿cree que la bola de cristal es enorme? La adivinación es una idea antigua, tan antigua como el tiempo, se puede decir. Es una parte importante de nuestras vidas - nuestro pasado, presente y futuro. Por así decirlo, la bola de cristal se utiliza para conjetura y anticipar futuras ocasiones y del mismo modo se puede utilizar como un medio para disponer de cualquier tipo de desastre identificado con posiciones planetarias.

La idea de que los cuerpos planetarios en el sistema planetario cercano pueden dar realmente un sueño de lo que vendrá ha intrigado a los individuos durante bastante tiempo. Nuestras inclinaciones con la adivinación van desde un aspecto estándar en el área signos del zodiaco de un documento a decidirse por opciones notables en la vida-identifican con el matrimonio, el fondo y la vocación e incluso las expectativas sobre el bienestar. Se dio cuenta de que muchas personas han aconsejado eficaces profetas celestes para ayudar a resolver sobre las opciones en sus vidas.

Una parte de la bola de cristal es que influye en nuestras vidas. Los diferentes desarrollos de la luna o los desarrollos o acuerdos planetarios influyen en nuestras mentes y sentimientos y que no entienden esto. Las situaciones planetarias en la hora de nuestra introducción al mundo de la gráfica profética pueden contrastarse y la situación planetaria de siempre. Esta investigación indicará cómo un planeta específico o dos impactos nuestra vida, por así decirlo, en un momento dado. El resultado podría ser cierto o negativo, sin embargo, estas correlaciones presentarán el ajuste en nuestras vidas o nuestros estados de ánimo y las respuestas a las ocasiones. Esta es sólo la bola de cristal.

Los acontecimientos planetarios tienen su efecto sobre nosotros, sin embargo, del mismo modo que estamos influenciados por los acontecimientos planetarios de los individuos a los que manejamos, ya sea nuestros amigos, compañero, niños, parientes, compañeros, colegas, supervisores, colegas, y así sucesivamente. Estos individuos están igualmente influenciados por la adivinación tanto como podemos ser.

Capítulo 1: Introducción a la Casa 12 Sistemas

Es importante reconocer el hecho de que aquellos que deseen Astrología estudio debe ponerse en una situación en la que todas las entradas que se les deben ser aceptados en su totalidad. No debe haber alguna duda o negatividades ya que estas energías pueden afectar en gran medida la representación de las estrellas. Por otra parte, este libro también abordará los conceptos erróneos que un individuo puede tener sobre ciertos puntos astrológicos. Sin embargo, tenga presente que este libro se centrará en uno de camino a entenderse a sí mismos mediante la lectura de su alineamiento astrológico. Con esto en mente, vamos a empezar con lo más básico fundamental de todos ellos - los sistemas de la casa.

En Astrología, casas hablan de un enfoque para hacer que cada minuto en el tiempo cerca de casa y llevado hasta el grado del planeta Tierra. Ellos son el resultado del giro de nuestro planeta y vienen a la presencia de la división del plano de la eclíptica en doce partes. En la astrología occidental, hay algunos marcos de las casas que son aún utilizados, mientras que el más conocido de uno en este momento es el marco Plácido.

En un día, un Ascendente (primera cúspide de la casa) viajará a través de la mayoría de las señales en el círculo zodiacal. Un ascendiente y descendiente en cada gráfico natal consiguen caracterizan antes del desayuno y la caída de la noche, o minutos, cuando el Sol está ascendiendo en el Este y el establecimiento en Occidente. Esta es la razón por la que un individuo tendrá el Sol cerca de su Ascendente en el caso de que se conciben a la rotura día y cerca de su descendiente en la remota posibilidad de que se conciben en el crepúsculo. Cuando todo está dicho en el hecho, el Sol estará sobre el horizonte y en una de las cámaras alta en la remota posibilidad de que usted fue concebido por día, y el sol bajo el horizonte en la remota posibilidad de que usted fue concebido al tiempo de la tarde. Las casas están numeradas en sentido antihorario desde la cúspide de la casa principal y en constante anticiparon en la eclíptica.

En el caso de que se imagina a sí mismo en el gráfico natal, se verá que usted está por encima de los planetas sobre el horizonte. En el caso de que usted tiene que sentir una asociación con el Universo se puede ver, a su vez hacia arriba en el cielo alrededor del tiempo de la tarde, y se le consideraría que se trata de situaciones no se distinguen de ellos permanecen en el esquema existente, aparte de todo lo demás. La distinción principal aquí es en su dirección, ya que el contorno dibujo contrastes de nuestra idea típica del Este y del Oeste, poniendo el este por la izquierda y el Oeste a la derecha. Trágicamente, no se tiene la opción de ver las casas, ya que son anecdóticos líneas utilizadas para separar el vuelo estacionario en doce partes.

Podemos utilizar el espacio o el tiempo como una razón para la división de las casas. Se numeran constantemente en sentido antihorario desde la cúspide de la casa principal, y esta cúspide (el Ascendente) se caracterizan por el punto del este en un minuto particular. En el caso de que nuestra división depende de espacio, el plano se divide en segmentos circulares equivalentes de 30 ° cada uno. En la remota posibilidad de que la premisa es el tiempo, ya sea casas son invariantes, y hablan a 2 horas de manifiesto el desarrollo del Sol cada uno, o fugaz, cuando el tiempo durante el día y por la noche se divide en seis partes equivalentes.

Sea cual sea su división, estamos constantemente conscientes de que toda una gráfica tiene 360 grados. Lo importante para recordar sin embargo radica en la forma que todos los marcos serán un buen augurio hasta un cierto punto. El marco Plácido ha demostrado ser realmente enorme, como el pionero en su utilización, sin embargo, esto no implica que no se debe evaluar diferentes marcos, así, y comprobar si coexistir mejor con una parte de los otros.

La igualdad de Casa Sistemas

El marco de inicio de sesión casa es uno de los marcos más optimizada de casas siguen siendo utilizados. Aquí, el Ascendente es visto como sólo para caracterizar el signo ascendente y el primario comienza en casa cero grados de este signo actual. Cada signo después se compara con la casa acompañando hasta que se termine el círculo. Este marco es el marco fundamental en la costumbre helenística de la astrología sigue siendo utilizado en la astrología védica.

El marco casa equivalente igualmente particiona la eclíptica en doce trozos de 30 grados, sin embargo, la cúspide de la casa principal se caracteriza por el Ascendente o el propósito oriental del amanecer. Este marco es en su mayor parte se utiliza hoy en día en los ámbitos superiores, en particular más de 60 grados, donde el marco Placidean está muy deformada. En ambos marcos, Medio Cielo o el punto más elevado en el contorno (MC) no habla a una cúspide de la casa décima. Más bien, se mueve alrededor de cualquiera de las casas sobre el horizonte.

Los Sistemas Casa del cuadrante

marcos de las casas del cuadrante particionan las casas por cuatro puntos - Ascendente, Nadir (fondo del cielo), Descendiente y el Medio Cielo (Medio Cielo). Los consideramos los bordes de cada horóscopo, ya que hablar de casas donde cada planeta obtiene una calidad excepcional del impacto en la vida de un individuo complementado con énfasis. simplemente haremos referencia a algunos de ellos aquí, pertinente para nuestro trabajo aquí, o normalmente utilizado en diversas metodologías imaginativo hoy.

Pórfido de Regiomontano y

El marco casa cuadrante menos complejo es el marco de Porfirio, que las particiones de todos los cuadrantes de la eclíptica en tres partes equivalentes. Se habla a la base para todos los otros marcos de las casas cuadrante a pesar del hecho de que sus enfoques definidos se determinan de una manera inesperada. En el caso de que el ecuador celeste se aísla en doce, y estas divisiones previstos en la eclíptica, obtenemos el marco Regiomontano. Es en su mayor parte fuera de la utilización a partir de ahora, sin embargo, fue un antecedente importante del marco más utilizado habitualmente en la actual astrología occidental - Plácido disposición de las casas.

El Sistema de Casas Plácido

El marco casa Plácido depende de cada nivel de la eclíptica en movimiento desde el nadir de la línea del horizonte, y desde el horizonte al Medio Cielo. La cuestión fundamental necesidades de este marco a la cara está en los alcances superiores, a la luz del hecho de que las titulaciones específicas que nunca en contacto con la línea del horizonte y los planetas que caen en ellas no puede ser repartido en las casas sin ampliar el marco. En el caso de que usted haga una gráfica por alguna ciudad lejana norte, se verá que la torsión "traga" el diagrama y las marcas es difícil de utilizar casas por cualquier medio, cuando la suma total de lo que tienes son dos enormes casas, y los que quedan al lado de ellos.

El Sistema de Casas Meridian

A pesar de que existen otros marcos de las casas que fueron significativas en algunos cruces nunca, estos son los que serán importantes para nuestro trabajo. Este resumen no estaría terminado sin una sustancia muy raro - Marco de la casa Meridian, que divide el ecuador divino en doce trozos de 30 grados y actividades a lo largo de la eclíptica los círculos extraordinarios que contienen el Norte y Sur de los ejes celestes. A pesar del hecho de que es probable que de vez en cuando lo utiliza, este marco casa puede realmente llegar a ser útil en el cristal de la migración mirando.

Casa Modalidades

Lo mismo que las indicaciones del zodíaco tienen su calidad / metodología y tener un lugar con un componente específico de la naturaleza, las casas tienen métodos comparativos para la articulación. casas precisas son las que se caracterizan por comenzar las etapas de cuadrantes, lo que significa que están en los puntos del horóscopo - primera, cuarta, séptima y décima casa. Estas casas parecen a la acción y la vitalidad para seguir adelante y son de una manera asociada con la idea de Marte. casas sucedientes son aquellos que persiguen los precisos, protegida de cada una de las progresiones y una cantidad excesiva de desarrollo. Ellos están firmemente asociados con solidez, que nos ayuda a recordar una tonelada de la calidad signo fijo. Estas casas son segundo, quinto, octavo y undécimo. casas cadentes son tercero, sexto, noveno y duodécimo y son un tanto dudosa, para que parecen ser precursores de lo que viene en la siguiente casa preciso. Estas son las casas asociadas principalmente al camino hacia adaptar, sin embargo, no deben pasar por alto su trabajo como una razón para cualquier cosa hecha por los ejercicios que se hacen más adelante en casas libertinas.

Los cuatro elementos: fuego, tierra, aire y agua

Al igual que los signos del zodiaco, casas, Asimismo, tienen un lugar con los cuatro componentes de la naturaleza. Lo mismo que sus signos relacionados, cada uno de ellos transmite una historia en su componente. Esto para todos los efectos, implica que la casa principal se compara con la indicación de Aries, y, en consecuencia - tiene un lugar con el componente de Fuego. El equivalente pasa por cada casa que persigue - la casa subsiguiente tener un lugar con el componente de la Tierra, la tercera al aire, el cuarto de agua, y así sucesivamente.

visionario Interpretaciones

Cada casa es un diagrama natal de uno, o de cualquier esquema de la medida en que se refiere, habla con el más cercano a la casa y el dispositivo natural para ser utilizado en cualquier examen. La casa en sí habla de un lugar o de un territorio en el que un planeta se encuentra en. Por ejemplo, la cuarta casa discutirá numerosas cosas, sin embargo, con toda verdad, que hará el papel de un hogar de un individuo y lo que está en él. Con Venus aquí, por ejemplo, vamos a ver las cosas deliciosas, adornos, efectivo o una querida sosteniendo en casa.

Es esencial recordar que la mayor parte del tiempo, el planeta va a hablar de una persona o cosa que la vitalidad se centra en particular, la señal dará una interpretación cerrada del planeta, y la casa discutirá área con respecto a un problema cotidiano en donde el planeta aparecerá o mostrar. La casa principal es de una manera una excepción a esta norma ya que se refiere legítimamente al cuerpo físico del ser individual refiere. Sea como fuere, sin tener en cuenta que permanece unida al componente de la Tierra por así decirlo, mucho más cerca de casa que todo lo demás, y en su mayor parte desapasionada y concreto.

El gobernante

Las casas tienen cúspides en varias indicaciones del zodiaco, y esto les da un tramo de un brazo para ser traducido por otra parte a través de su regla. La casa se decide por el planeta que los principios en el signo de que caiga en. Así que, para explicar, si la tercera casa se cae en la indicación de Virgo, que significa que su cúspide está en este signo, el gobernante de la casa va a ser el líder de Virgo - Mercurio.

No es en todos los casos simples para caracterizar el significado de la regente de la casa contrasta con la idea del planeta mismo y la idea del signo que rige. Esta es la razón por la mejor actividad es recordar que las casas precisas muestran firmeza y sus gobernantes hablan de definir momentos a lo largo de la vida de todos. Todos y cada otra aclaración será, como todo, una metodología moderada y ajustado que piensa acerca de todos los elementos en la suma perfecta.

A pesar del hecho de que nuestro diagrama horóscopo es de dos dimensiones (nivel), los segmentos de las casas son sin duda no. Son tres dimensiones, de manera similar a las áreas de una naranja parecen ser. En visión pasear al aire libre bajo el cielo de la noche, con las estrellas y planetas abrir y cerrar a su alrededor, y después de que la división En visión la mayor parte de ese espacio, el espacio por encima y por debajo de usted (en el lado opuesto de la tierra) en doce segmentos o porciones. Desde donde se pone de pie, mirando hacia el sur sería la décima casa, detrás y hacia el norte (y por debajo de ti) sería la cuarta casa, a su izquierda y hacia el este sería la primera casa, en su lado derecho y hacia el oeste sería la séptima casa, etc. Esto es lo que las casas son celestes.

Casa cúspides

cúspides de las casas se controlan mediante la adopción de los segmentos de las casas de 3 dimensiones (recordemos las porciones de una naranja) y ver donde estas líneas se encuentran y cruzan el zodiaco. Cuando estas líneas se cruzan el zodíaco es la cúspide de cada casa, y el signo del zodiaco no se dice que es el "signo en la cúspide de la casa." En la tabla anterior, se puede ver las secciones de las casas, y asimismo se puede observar el anillo de los doce signos del zodiaco. Donde cada sección cortes sobre la banda del zodiaco es el lugar es una señal en una cúspide de la casa. Aunque la mayoría de los marcos de las casas se dividen en las doce casas reconocibles, existe una amplia gama de tipos de marcos de las casas; es decir, hay numerosos marginalmente varios métodos para dividir el espacio que nos abarca. Agoreros, como que enfrentarse entre sí con respecto a qué marco casa es la mejor,

El significado de las Doce Casas

Cada una de las doce casas tiene una importancia alternativa, y cada retrata o llamadas de atención sobre una región alternativa de nuestra experiencia. Cuando tomamos algo de lo que implica cada uno de estos territorios de experiencia, podemos empezar a visionar frases visionarias como la dada anteriormente, "Sol en Cáncer en la casa octava." Y, lo mejor de todo es que la rueda de las doce casas es, en sí, una reunidos, todo el ciclo (al igual que los signos del zodiaco, los períodos de la Luna, y así sucesivamente.), Con el objetivo de que cada casa en el ciclo es una etapa, uno que llevó a la siguiente; En consecuencia, cuando se enteró de los ciclos y etapas ciclos, que están encontrando naturalmente sobre las casas.

• primera Casa

En cada cierre a la elucidación casa, la casa principal caracteriza a un individuo, el cuerpo físico, cualidades y defectos, al igual que su carácter de base. Su nombre se debe, además, La Casa del Ser, hablando de nuestra tarea principal a lo largo de la vida cotidiana, nuestro punto de vista en el mundo, de conciencia, y todo lo que estamos aquí para empezar. Es nuestra vitalidad base, nos asocia a la indicación de Aries y nuestro primer chacra, y habla sobre el potencial que tenemos que sufrir a través de cualquier cerca de peleas en casa o maneras en que podemos mantener una distancia estratégica de ellos. Su máxima latina es Vita, por lo que es "el lugar de la Vida misma".

La casa principal es la asociación fundamental que tenemos en nuestro cuerpo y la manifestación que estamos en este momento. Esto es en realidad qué es la ventana más importante en nuestro universo de obligación kármica y habla con el grado de sencillez o dificultad necesitamos experimentar a fin de desarrollar en esta vida. En la remota posibilidad de que uno tiene una prueba de vista a través de los planetas ubicado en la casa principal o su gobernante, que termina evidente que tienen un mandado para determinar y una obligación de reembolsar mientras que en este cuerpo. Cada punto de vista positivo, o un planeta en su nobleza sólida, hablarán de las dotaciones que hemos reunido en vidas pasadas o través de nuestro árbol genealógico, cualquiera que sea su punto de vista recogidos.

La primera casa en Aries

En la remota posibilidad de que su ascendente se encuentra en la indicación de Aries, independientemente de en caso de que se cae en su primer o último grado, que le hace un ario. Este puesto de trabajo habla de la importancia de conocer los confines de uno, vitalidad instintiva esenciales, y la naturaleza carnal que debe ser guiado, utilizado, y en algunos casos contenían. El principal reto de este puesto de trabajo radica en el hecho de no considerar a otros a ser como equivalentes, tienen la cortesía, la atención de otras personas o reconocer ser pensado. Provocará la propia responsabilidad de las conexiones, el matrimonio o su capacidad para descubrir la empatía por sus propias necesidades entusiastas, por no hablar de los requisitos de otros individuos. A nivel individual, estos individuos se hablan a través planeta Marte.

La primera casa en Tauro

En la remota posibilidad de que un diagrama individuo comienza en Tauro, vemos un individuo de delicias naturales, en busca de la adoración, la indulgencia, y la realización. Depende del grado de dificultad de este signo, la casa o Venus tienen, tiende a ser una posición bien que nos permite apreciar la vida en su totalidad el sombreado y la utilización de la mayoría de nuestras facultades. Este habla de un individuo bien construidos, sólido y estático, y además algo distante. Con un Ascendente en Tauro, se vea obligado a aumentar de peso o el ejercicio de un gran número de delicias tal través de la conducta imprudente. El mejor reto para un Tauro es reconocer la necesidad y la magnificencia de progreso. Cuando recordado, se puede liberar a estas personas para indicar la actividad, la energía, y cuando sea necesario - la batalla por su cumplimiento. Se trata de alguien que habla por Venus.

La primera casa en Géminis

En el caso de que uno es para comenzar su vida en el cuerpo de un Géminis, que necesitan que se ha mantenido a progresar. Esto es una indicación de la palabra expresada verbalmente, la perspicacia, encuentros rápidos, cambio de carácter, y el desarrollo de numerosos tipos. Los individuos traídos al mundo con este signo ascendente son regularmente rápida, magro, móvil, insegura, y en ocasiones poco profunda. Ellos tienen que permanecer bien educada, invadido en su condición social, y siempre tienen la motivación para transmitir o temas que abarcan ellos día a día conceptualizar. Su prueba más importante es concentrarse en un objetivo, un punto en la realidad que le da su razón de vida. Ellos tienen que descubrir una amalgama, una cosa para cubrir la mayoría de sus datos y estructurar una suposición consumado simplemente a raíz de aprendizaje de su verdad interior.

La primera casa en Cáncer

En el momento en que la casa principal se inicia en la indicación de cáncer, con frecuencia se dice que es la indicación del hogar, la familia, y el sentimiento. Lo descuidamos regularidad de comprender es la afectividad de este signo y su impacto en nuestro cuerpo físico. El ascendente se dirige a nuestra calidad física y esto no es la situación más ideal para sentirse seguro y sólido o ejercicio, o en tren. Crecimientos malignos son pálido con regularidad, de manera inequívoca impactado por la evolución de la Luna, tienden a parecerse el alimento que comen, y afectan constantemente su bienestar general y la apariencia. Su prueba más notable está cubierta en planes sólidos, voluntad implacable, un sonido práctico diaria, y la obligación que tiene que tomar el curso de su propia vida está en movimiento. Esto es una señal administrado por la Luna.

La primera casa en Leo

Con su primera casa situada en la indicación de Leo, hay constantemente una lucha personalidad que debe ser percibido. Esta es una señal al rojo vivo que permite la valentía de estas personas y para mostrar a sí mismos en la mayoría de la luz ideal en la mayoría de las pruebas de las circunstancias. Se han ido a sí mismos, con un sólido por poco deseo físico maquillaje para invertir un exceso de trabajo de energía. Cálido y tierno, aquellas que entren en el mundo con la creciente indicación de Leo puede ser asombrosamente "delicada alrededor de los bordes", con enormes orejas redondas, atractivo, y que lleva prendas nuevas y marcadas.

Su prueba más importante es liberar la imagen que ellos hacen por vanidad. Ellos tienen que percibir su distinción y no dudan en sobresalir, ser extraordinario, se convirtió en un revolucionario y considerar la prosperidad de la humanidad.

La primera casa en Virgo

En la remota posibilidad de que su ascenso cayó en la indicación de Virgo, sin duda, esto podría ser una señal de que estaban destinados a ayudar a otras personas. A pesar de que esta es la señal que Mercurio está alzada, no satisfacer a una gran cantidad de constitución y habla de una amplia gama de problemas médicos que puedan superficie física de uno. Es una indicación de que demuestra una constitución bien, alguien que se parece a un tipo de biblioteca, con gafas, escucha débil y un marco sólida convicción con respecto a todas las cuestiones de alivio. Además de esto, se discutirá la penetración y la claridad mental. La mayor prueba de estas personas es ver el plan maestro, separado de sutilezas aburridos y tienen algo de confianza en la solicitud más prominente de las cosas. Esto lleva a sus problemas con la confianza y los hace impotentes frente a una amplia gama de mala dirección. Su regla es Mercurio.

La primera casa en Libra

En el caso de que su primera cúspide de la casa se encuentra en la indicación de Libra, que se asemeja a todo su horóscopo se da la vuelta alrededor. Mientras que uno debe tener la opción de vaciar la vitalidad del Ser, los individuos traído al mundo con esta necesidad Ascendente para descubrir que en los individuos que están englobados con, mirando constantemente por la paridad, y el descubrimiento se acerca a retocar las conexiones con el punto en el que se no provocan cansancio. Esto hará que una persona que debe ser que parece agudo y respetuoso constantemente, con frecuencia dejando de ir a los ejercicios físicos y límites individuales en conexión con otras personas. El mejor desafío primera casa de un Libra necesita derrota es el reconocimiento de desagrado y el choque útil. Se les habla por Venus.

La primera casa en Escorpión

Para ser introducidos en el mundo con un Ascendente en la indicación de Escorpión, uno debe tener una asociación alucinante con el mundo material. Esta es sólida a alguien, fijo y decidió, sin embargo, además, profundamente sensible y apasionado, de todos modos, difícil que estas personas pueden tratar de oponerse a esta realidad. Esto es una indicación de la cosmética apagados, los individuos con sólida, pelo oscuro, enormes narices, y la mentalidad salvaje brillando continuamente de sus ojos profundos. Independientemente de si se ponen en la feria mundial, la mirada en sus ojos demostrará constantemente el interior de energía, como si tenían que pasar derrota incluso antes de que fueron concebidos. La enorme prueba aquí es reconocer la excelencia de cumplimiento consistente, sentir aprecio y excusar los individuos que trajeron dolor o agonía en sus vidas. Culpa, posesivo y sobre la conducta primeros son sólo una parte de los signos que tienen dificultad para reconocer lo que los mantiene sólido y vivo. Son gestionados por Marte y Plutón.

La primera casa en Sagitario

Aquellas que entren en el mundo con el Ascendente en Sagitario con frecuencia tienen la oportunidad de ser físicamente más grande que otros individuos en su árbol genealógico. Si no es así, su punto de vista tiene la oportunidad de ser más extensa, sus sentimientos y sus psiques sólida crítica. Sabios e instructores, estas personas pueden ver el plan maestro, sin embargo, experimentan dificultad para permanecer regularmente razonable, mientras luchan con su necesidad de ver el mundo a través de gafas de color rosa. Continuamente mirando hacia adelante, por lo general son diversión y un placer estar con ella. La prueba que necesitan para la cara cubre en su metodología sin sentido. Tienen una empresa de percibir lados afilados tierra, sensibles y hacia abajo para que todo en su vida. Esta es una señal útil administrado por Júpiter.

La primera casa en Capricornio

En la remota posibilidad de que el Ascendente de alguien se encuentra en la indicación de Capricornio, que serán razonables y se han ido a las cuestiones materiales y objetivos en la vida que creen que necesitan para llevar a cabo. Depende de los lugares de los planetas en esta casa y su gobernante, que será fructífero o probado en su ciclo para un objetivo específico, caracterizando si van a tener la opción de hacer un arreglo pueden perseguir. Esto puede ser una indicación de que habla de una cruz sustancial que debe ser transportado, de manera similar, ya que puede discutir un individuo a la tierra listo para percibir la utilización de todo lo que ocurre en su vida. Sólida y firme, estos individuos tienen regularmente un ajuste a cuidar, problemas con su columna vertebral y los huesos, o su confianza en Dios y su conexión con la religión. Su mayor test descubre la comprensión y empatía por aquellos que son impotentes, excesivamente delicados o con firmeza entusiasta. Su gobernante es Saturno.

La primera casa en Acuario

Con un Ascendente en Acuario, ningún individuo puede adaptarse a las normas sociales y mezclar. Esto es alguien que parece extraño, en cualquier forma creíble, mientras que de vez en cuando fuera de lo común, ferozmente liberal o desafiante. Estas personas son regularmente alto y entérico, o simplemente ansioso e inquieto más de las veces. El mejor reto de cada acuario es descubrir su centro y el punto focal de su carácter, cargado con deferencia por sus propias necesidades y personajes de todo el mundo que les rodea. Ellos descuidar para ver la motivación detrás de la energía y la necesidad de comprender que la soberanía, así como ordenar y supervisar, son fundamentales y útiles en su vida. Están controlados por Saturno y Urano.

La primera casa en Piscis

En el punto cuando la casa primaria comienza en la indicación de Piscis, tenemos que comprender esto es un individuo en una estratégica, con una razón superior que debe ser percibido. Esto está bien a alguien, sensible, apasionado, con enormes ojos y un alma delicada. Con frecuencia, esto es una indicación de que da un estado psicológico física afligido maquillaje, sobre todo influir de una. A fin de utilizar la mejor indicación de Piscis trae a la mesa, una persona debe tener la suficiente confianza, y una premisa sólida en la infancia y la formación para satisfacer su hambre enorme increíblemente de alegría. Cada una de estas personas tiene que reconocer el trabajo de escritorio, buena idea, y la realidad en su forma más perfecta y más estructura evidente. Tienen que encontrar la manera de lidiar con sutilezas y centro de atención en las pequeñas cosas explícitas a fin de hacer una imagen con mayor calidad. cuidadosa disciplina produce resultados prometedores, y esto es algo que debe recordar constantemente. Sus gobernantes son Júpiter y Neptuno.

• segunda Casa

A nivel individual, esta es la casa que habla de la pena que ofrecemos a nosotros mismos y todo lo que hacemos. En ella, podemos salir de nuestra vitalidad en algo que podamos contactar con, el uso o la comprensión, como si fuera un resultado característico de la vitalidad que nos ayuda en nuestro cuerpo a través habló nuestra primera casa. El segundo lugar de nuestro gráfico es el campo de la propensión, el alimento que comemos, con el motivo de reforzar nuestro anhelo hecho por la criatura que transmitimos en la casa principal. Es una fuente de sueldo que fortalece nuestro cuerpo, lo que provocó consideraciones con calidad. Se asocia con la indicación de Tauro, habla de la riqueza de uno, y se llama el lugar, además de la pena significativa. Su dicho latino es Lucrum, que significa "riqueza".

La segunda casa en Aries

En la remota posibilidad de que la casa subsiguiente se inicia en la indicación de Aries, podemos ver que la misma continúa individuales sus sentidos para hacer algo en el mundo material. Aries en la segunda cúspide de la casa se puede hablar de fracaso de un individuo para apreciar las cosas que son moderados, agradable, cómodo, o delicada. Esto puede ser una posición dura que las estructuras de un carácter desagradable, excepto si los planetas propios de una dama y la Luna se encuentran con énfasis en su horóscopo.

La segunda casa en Tauro

La segunda cúspide de la casa en Tauro es la situación más común para esta casa. Los individuos traídos al mundo con el que pueden percibir la estimación de todas las cosas, conexiones, otros individuos, y se encuentra a lo largo de la vida cotidiana. A veces, esto habla de una prueba complementada en donde un individuo debe descubrir sobre su propio incentivo a través de una progresión de encuentros menosprecio. En cualquier caso, se trata de vez en cuando el caso. Esto debe ser afirmada por una situación difícil de Venus en el gráfico natal de uno. Se trata de alguien que tiene la capacidad de adquirir dinero en efectivo, por cualquier cantidad de tiempo que su sentimiento del mundo material no está dañado con los sentimientos y las conclusiones de otros individuos. En el caso de que se someten a culpar de cualquier tipo, la naturaleza de sus conexiones pueda caer bruscamente y que podrían experimentar dificultades considerables permite amortizar de asumir una cantidad excesiva de responsabilidad. Estas personas estaban destinados a hacer la mayor parte de nuestra realidad material y debe recordarse a sí mismos constantemente a hacer sólo eso.

La segunda casa en Géminis

En la remota posibilidad de que la casa posterior se encuentra en la indicación de Géminis, podemos de inmediato asumir que un beneficio de la voluntad individual de ejercicios enérgicos, independientes, en lugar de tener una actividad real que traerá una gran cantidad de profunda satisfacción, estables. Se trata de alguien que pueda beneficiarse de la composición, la cobertura de noticias, el desarrollo constante, regalos retórica, o grandes aptitudes que intercambian. En la remota posibilidad de que no es una prueba para ser visto a través de los planetas establecidos en esta casa o Mercurio, podemos ver que las formas superficiales para hacer frente a la estimación de las cosas conducir a la falta de armonía y hacer una aprensión individual y tensa, mientras no aptos para hacer cualquier cosa constante o enorme suficiente para hacer frente a sus problemas. Lo cual también puede hablar de una "posición estafador" y hablan de alguien que las ganancias de los ejercicios oscuros,

La segunda casa en Cáncer

En el caso de que la casa subsiguiente se inicia en la indicación de cáncer, esto es una señal sólida de que un individuo tendrá la oportunidad de adquirir de una empresa de gestión privada o una empresa de propiedad privada de los suyos. Se trata de alguien capacitado para teletrabajo, o alguien que se toma el camino de menor resistencia y depende de la suerte de presentar a ellos sus riquezas. Cuando todo está dicho en el hecho, esto probablemente no será una posición tan sólida si la Luna no es muy sólida, sin embargo, permite descubrir la felicidad increíble en la alimentación, la cocina y los eventos sociales de la familia. Este es un lugar que acentúa la búsqueda interna de uno de aprecio y amor, y va a hablar regularmente sobre las inclinaciones hereditarias como un potencial para la adición individual.

La segunda casa en Leo

En el caso de que la segunda cúspide de la casa de una persona se encuentra en la indicación de Leo, podemos ver la capacidad de la postura de dinero y esto se encuentra regularmente en los modelos, personajes que aparecen en pantalla, y los individuos que deben ser tan dramático como para conseguir algo para ellos mismos. Contingente sobre el porte de su gobernante, esta es la posición de la casa posterior que habla sólida certeza con respecto a las cuestiones materiales, sin embargo, pueden igualmente hacer un impotente individuo frente a las evaluaciones de otros individuos con respecto a su propio valor.

La segunda casa en Virgo

En el caso de que la casa posterior empieza en la indicación de Virgo, que está protegido para asumir esta es alguien que tiene algunas cosas para averiguar acerca de la realización. Esto es una indicación de que lleva a Venus a su caída, y ya que Venus es una regla característica para maters de la casa posterior, podemos ver que la prueba aquí es para actividades y victorias muy estima de uno, en lugar de escanear las deficiencias en todo lo que hacer. En el caso de que cuando son sólidos Mercurio tonalidades esta posición, podemos ver a alguien normal y la competencia necesaria para arreglar lo que se cruza en su dirección. Sea como fuere, es aún raro descubrir un individuo con este ajuste que está muy contento con lo que dicen.

La segunda casa en Libra

En el punto en que la casa posterior se encuentra en la indicación de Libra, esto da una sensación individual de la autoestima a través de asociaciones con otros individuos. Por decirlo así, esto puede ser complicado y dar lugar a la envidia y una amplia gama de evaluaciones que el alma no está preparado para, al mismo tiempo dando una tonelada de dotes materiales a través de organizaciones o de un compañero elegido. En una posición ineficaz conjunto, esto puede hacer que un individuo ver su cómplice pensó sus activos, vanos y se fue a las cosas de otras personas.

La segunda casa en Escorpión

En la remota posibilidad de que la casa posterior tiene una cúspide en la indicación de Escorpión, este trabajo se trata de fondos dejaron a nosotros por nuestros predecesores. Depende de nuestras inclinaciones hereditarias, esto puede ser un regalo o ultrajáis, ya que depende significativamente de los que estaban aquí antes de que dio como resultado, en estas circunstancias mundo. Puede parecer como si tenemos poco efecto solo la prosperidad Cuando este ajuste domina. Con el fin de descubrir la felicidad en el mundo material, este es un lugar que se mueve a una persona a descubrir que en el cambio y reconocen que las necesidades de flujo de vida y la libración de forma coherente. En el sentido razonable, esto implica que uno necesita para dar a fin de obtener y nunca llegará una recompensa sin que se obtuvo a través de una amplia gama de acciones, decisiones de vida y familia.

La segunda casa en Sagitario

En la remota posibilidad de que la casa posterior descubrió su cúspide en la indicación de Sagitario, que es difícil de caja de embrague o un palo a los senderos trillados para ganarlo. A pesar de que esto es claramente alguien que pueda beneficiarse de la instrucción, la teoría, o de viaje, la cantidad ganada no va a estar contenida de manera eficaz y se gastará rápidamente. A pesar del hecho de que hay constantemente una tonelada de Karma, donde valiosa Sagitario es, existen numerosas metodologías ridículos y una propensión a exagerar cualquiera que sea la imagen de la casa en cuestión. Esto es en realidad por qué estos individuos en general comen en exceso, gastar en exceso, al igual que el aumento en exceso, o estar en cualquier capacidad ridícula acerca de su propio valor y la estimación de las cosas que hacen y sus logros.

La segunda casa en Capricornio

En la remota posibilidad de que uno de horóscopo transmite la segunda cúspide de la casa en la indicación de Capricornio, esto se observa regularmente como una cruz de destino que no se puede cambiar. La mejor edición aquí radica en la culpa transmitió en algún lugar en el espíritu de uno que le pide condiciones deplorables y errores hechos en el campo de las cuentas o sus patrones dietéticos. Este no es un lugar que va a perdonar mucho, sobre todo en la remota posibilidad de que uno no está preparado para asumir la mayor parte del trabajo en cuanto a su vida y su dinero o bienes materiales relacionados.

La segunda casa en Acuario

En situaciones donde la casa subsiguiente se inicia en la indicación de Acuario, cuestiones de valor significativo serán siempre muestran signos de cambio. La pena principal consistente el individuo percibirá se encontrará en sus parentescos y compartió objetivos del público en general, mientras que será muy difícil de estancia estable en una metodología relacionada dinero. Se trata de un individuo que tiene la necesidad de ir a por todas, lo mismo que van a salir en una extremidad con su bienestar y cada una de las cosas que su cuerpo puede hacer frente a gastar manera el alimento rápido y mal una y otra vez por su hígado y el corazón de asimilar. Gran parte del tiempo, el lugar principal de alguien metido en el mundo con esta posición de la casa posterior se establece en Capricornio, añadiendo otra medición de la utilización de su vitalidad al hacer cualquier cosa en el mundo material. Estable y con un arreglo sólido, parecen descubrir libertad a través de dinero en efectivo y esto con frecuencia les hará extrañamente ligero y lleno de choques en cada emisión monetaria única.

La segunda casa en Piscis

En el punto en que la casa posterior está situada en la indicación de Piscis, numerosas posesiones se pierden de vez en cuando. Esto se encuentra en alguien que no tiene la menor idea de dónde están sus claves son, casi de la misma, ya que no están seguros de dónde o cuándo van a tener la opción de adquirir algo completamente solo. Lo enredado radica en la forma en que las alucinaciones con Piscis, en general, domine, y uno puede sentir realmente y profundamente cumplido sin tener mucho, lo mismo que podrían sobreestimar sus capacidades en campos específicos, perdido en su concentración estratégica real hacia objetivos materiales.

• tercera Casa

La tercera casa se llama, además, "La Casa de Comunicaciones" y sus medios dicho "hermanos" de los Fratres expresión latina. Se identifica con la indicación de Géminis en un cada vez más cerca de casa, a nivel físico, y habla de las partes internas de nuestro cerebro. La principal preocupación de su ajustada situación representa es la forma en que uno piensa y los procedimientos en nuestra mente que nos llevan de una manera específica. A fin de cuentas, es fundamental en estrecha a la investigación gráfica casa, pues nos da los datos sobre la perspectiva de un individuo, lo mismo que la casa principal discute la condición del propio cuerpo, o el cuarto de la condición de los sentimientos y el corazón.

La tercera casa en Aries

En el caso de que la tercera casa empieza en la indicación de Aries, vemos a una persona con una personalidad rápido y de manera contundente para hacer frente a la correspondencia. Se trata de alguien estimulado y cargado con pensamientos dinámicos, cuyas obras constantemente psique. Es un regalo tanto como que tiende a ser ultrajáis, para la indicación de Aries sostiene nuestra molestia incierta da la misma cantidad de, ya que aporta velocidad, la visión y el pensamiento claro.

La tercera casa en Tauro

Con la tercera cúspide de la casa en Tauro, reflexiones son con frecuencia moderada, estática, y fueron a cuestiones glotones o materiales. Esta es una de las más abajo a las posiciones de la tierra y útiles, aunque de vez en cuando agravante para los individuos con la tercera cúspide de la casa en los signos que tienen un lugar con el componente del aire.

La tercera casa en Géminis

La situación de la tercera casa en Géminis es el todo lo más normal en igualdad de condiciones. Se trata de un regalo en sí mismo, y un individuo tiene consistentemente un enfoque inteligente, claridad en su selección de palabras, y una lucidez similar en su psique. En un sentido común, se debate con regularidad de una conexión a sus parientes y nos lleva a que la correspondencia es una pieza importante de la vida de un individuo. Depende de la posición y el orgullo de Mercurio, podemos percibir cómo las pruebas o positiva su mundo psicológico es en realidad.

La tercera casa en Cáncer

La tercera casa en Cáncer habla de una visión adquirida, para bien o de manera negativa. En el caso de que uno se introduce de forma natural a un grupo de personas lleva a cabo con una amplia referencia de la palabra, podemos suponer que con seguridad ellos serán comparadas y profundamente establecida en su patrimonio. Sea como fuere, los problemas con cualquier tipo de pensamiento, sobre todo en lo que respecta a la división de cuerdo de temas intensos, tienen la raíz en un lugar semejante, así - su gente. Tienen que fabricar un carácter sólido y cuidado por su independencia a fin de descargar algo de peso de sus cerebros.

La tercera casa en Leo

En el momento en la tercera cúspide de la casa se encuentra en la indicación de Leo, reflexiones son en su mayor parte centra en uno mismo. A pesar de que esto puede ser molesto para numerosas becas y conexiones dudosas en sus vidas, estas personas tienen un mandado para desarrollar su carácter y el carácter de los límites establecidos inequívocamente hacia el mundo exterior. Esta es una posición sólida que trae un montón de problemas de autoestima, excepto si uno está muy edificado y completamente consciente de sus capacidades ilimitadas, incorporando el uno en el que comprender que no hay nada que deben ser tomados en realidad.

La tercera casa en Virgo

En la remota posibilidad de que la tercera casa se encuentra en Virgo, se trata de una posición peculiar que está tan a menudo debilitante tanto como es atractivo. Si bien la indicación de Virgo Mercurio levanta y habla de la penetración y fantásticas capacidades mentales y claridad, es, además, un punto de cuestiones de sentido común, que importa de la fisiología y el horario, y los problemas médicos que no lo hacen deben ser examinados.

La tercera casa en Libra

En el momento en la tercera casa se encuentra en la indicación de Libra, podemos ver a alguien que piensa y habla de otra gente y otra vez. Por mucho que esta posición puede ser beneficioso para la vida de uno adoración, hablando queridos jóvenes, vecinos atractivos, y la capacidad de ver "el lado opuesto de cada historia", que es una prueba adicional de que ir a su propio centro interno, excepto sí que están debidamente trabajaron toda su infancia. Se trata de alguien que debe tener un carácter sólido, constantemente consciente de su propio juicio y estados de ánimo, antes de conversar con cualquier otra persona acerca de ellos.

La tercera casa en Escorpión

En el momento en que comienza la tercera casa en Escorpión, que rara vez se toma efectivamente atendidos. Se trata de una personalidad profunda sólida, una mayor regularidad con una sensación de tenue amusingness y reflexiones y palabras que son difíciles de permanecer inalterada y libre de decepción. Esta es una posición sólida para la ciencia, la investigación y los aspectos misteriosos, sin embargo, se pone dificultades regiones del corazón y los contactos entusiastas con las personas más cercanas. La nebulosidad de Escorpión se observa mejor a través de la propia psique y que necesita un individuo profunda pasión y lucidez suficiente risitas y facilidad en la vida de reconocer que con falta de esfuerzo y magnificencia.

La tercera casa en Sagitario

Con la tercera casa en Sagitario, que en una fracción de segundo observamos a alguien que pasea. Esta es una situación para intelectuales filosóficas e individuos de puntos de vista de ancho, suposiciones que se mueven constantemente a las perspectivas progresivamente positivas, y la capacidad de utilizar sus convicciones en la medida de su presencia útil. Se puede discutir asimismo disposiciones que aparecen constantemente ser inaccesible, en el caso de que la ausencia de rumbo en la vida se resalta y no se tiene conocimiento de su propio camino real y objetivo.

La tercera casa en Capricornio

Con la tercera casa a partir de Capricornio, podemos ver una persona verdaderamente extrema. A pesar de que Capricornio es la indicación de profundidad y sensatas decisiones al igual que la utilización de la tierra a lo largo de toda la vida cotidiana, es además la indicación del karma, cosas perjudicados, y pasos en falso del corazón. Para mantener su tercera casa en equilibrio Capricornio, no se puede separar de su centro de pasión. Empatía perseguida por demás es el camino en cualquier prueba de esta casa, sobre todo en situaciones en las que los familiares tienen problemas interminables, consistentes, independientemente de en la remota posibilidad de que son materiales, físicas, o algún otro tipo.

La tercera casa en Acuario

En el momento en la tercera casa tiene un lugar con la indicación de Acuario, que de inmediato observamos una personalidad increíble cargado con espléndidos pensamientos y una rica actividad pública. Se trata de un agitador que no depende de la orientación de los demás y cae en el campo de los problemas en la remota posibilidad de que empiezan a sostener su conciencia a través del abogado perpetua que lo harán en general constituyen. Lo significativo de reconocer aquí es que todo el mundo es astuto en su propia manera particular, y no se necesita ningún consejo dado salvo que solicitaron explícitamente.

La tercera casa en Piscis

En la remota posibilidad de que la tercera casa se encuentra en Piscis, hay que recordar que esto es una indicación de la caída de Mercurio. El mejor choque de la sensación y la razón se ve aquí, y tiende a confundir, raro, y profundamente tratando para la propia capacidad de hablar, componer, o incluso pensar sin lugar a dudas.

• cuarta Casa

La cuarta casa es el lugar de la casa y la familia. Es nuestra más profunda pasión centro, nuestros fundamentos subyacentes, y nuestro legado hereditario, como se observa a través del árbol genealógico y nuestros predecesores con la mayoría de sus problemas de relación, conflictos, temores y sueños. Es un extraño y nuestra más típica, nuestro lugar de la propensión y la asociación con el centro de la Tierra, de manera similar, ya que es nuestra capacidad de descubrir sin límites, amor verdadero, y la cercanía constante de otra persona. Esta es la casa que se identifica con la indicación de cáncer, y su dicho latino medios genitor "padres", como si se fijó para demostrar la importancia de un individuo que nos hizo sentir cómodo, sin tener en cuenta en el caso de que sea nuestra verdadera padre o esencialmente - nosotros mismos.

La cuarta casa en Aries

En el momento en que alguien tiene el cuarto set cúspide de la casa en la indicación de Aries, se habla regularmente sobre la ansiedad de un padre del sexo contrario al titular de la gráfica era todavía un niño. Si debe haber una ocurrencia de un Situar ideales, esto es una indicación de la claridad ardiente pasión, velocidad de opciones y la única certeza traído de su casa y su infancia.

La cuarta casa en Tauro

En la remota posibilidad de que la cuarta casa se encuentra en Tauro, vemos una situación característica de la consideración y dedicación física procedentes de los padres de uno. A pesar del hecho de que puede indicar a cabo la infancia convencional o grave, por lo general proporciona una con una sensación específica de consuelo y satisfacción que hace que una razón sólida, fijada para una vida maravillosa.

La cuarta casa en Géminis

Con la cuarta cúspide de la casa en Géminis, podemos ver la naturaleza alterable y algo inestable de la propia casa. Todo el tiempo, esto viene como una raíz para la inclinación de un individuo de irregularidad, visto a través de bajeza concebible de su progenitor del sexo equivalente, o la imagen de dos padres o dos madres, que no puede reparar en uno.

La cuarta casa en Cáncer

Cada cuarto set casa en cáncer discute la asociación uno tiene a su familia. Es un lugar de legado en su centro, y la indicación de cáncer de aquí da una acentuación en materia de familia, que entró en la vida de uno sólo para ser resuelta.

La cuarta casa en Leo

Con la cuarta casa a partir de la indicación de Leo, vemos una línea de precursores alegres y atrevidos que llevaron a la introducción de esta persona. Esto puede ser excelente o tratando de que hay claramente un impulso entusiasta en el universo de uno de carácter, certeza, y el autorreconocimiento.

La cuarta casa en Virgo

La cuarta cúspide de la casa en Virgo indica la ausencia de algo en su casa esencial. Independientemente de si hay amor o respaldo, de forma coherente es decir de todos, algo que debe ser fijado, cambia o sostenida en su espíritu, como si hubiera sido un tanto daño desde el principio.

La cuarta casa en Libra

En la remota posibilidad de que el cuarto se encuentra en Libra, vemos a alguien que transmite una premisa sólida de la relación de sus amigos en su centro más profundo. Desde la cuarta casa habla a nuestra casa, comprendemos inmediatamente que esto es un individuo cuya casa fue ajustada y al parecer optimista, sin embargo, la cuestión fundamental de Libra es la irregularidad de la imagen que apareció con el mundo exterior y el deleite verdadero escondido detrás de él.

La cuarta casa en Escorpión

Con la cuarta casa en Escorpión, podemos ver las conexiones más a tierra a una familia que regularmente no son sólidos o sinceramente constante. Escorpión es una indicación de que la Luna lleva a su caída, y considerando todas las cosas no está en la mejor relación con los temas de la familia, la crianza de los niños, la infancia, y la cercanía.

La cuarta casa en Sagitario

Con la cuarta casa en Sagitario, en realidad no es sencillo para sentirse cómodo y en cualquier lugar uno intentos de resolver. Esta es una de las dificultades que provocó vida en el extranjero, con regularidad a la luz del hecho de que había separación y el espacio en su infancia que hace que sea difícil de consolidar sus convicciones en la nación que fueron concebidos en.

La cuarta casa en Capricornio

No hay motivación para que sea más bonita de lo que es - la cuarta casa en Capricornio rara vez es sencilla. En la mayor parte situación ideal, este es un lugar que le da a uno la confianza definitiva en el Universo, y una asociación sólida con Dios. Con una necesidad profundamente sembrado a asumir la responsabilidad, se trata de una persona que con frecuencia necesita una gran cantidad de ella, en su mayor parte arrebatar algún para cada confusión hecha por sus amigos.

La cuarta casa en Acuario

Con la cuarta casa en Acuario, un individuo es consistente en todos los sentidos en busca de consistencia. Esta es una señal de que había una gran cantidad de movimiento y cambios a una edad juvenil o llama la atención sobre la importancia de los guardianes de separación experimentado mientras estaban todavía en el período de reconocimiento entusiasta con su hijo.

La cuarta casa en Piscis

Se dice habitualmente que la cuarta casa en Piscis discute las piezas registro de la información y oscuros progenitores que han hecho que reconoce-lo. Sea como fuere, esto puede en algunos casos sólo hablar de la ausencia de lucidez de sentirse uno tiene en su condición esencial.

• casa quinta

articulación persona viaja de polizón en esta casa y nada en gran conexión a la misma permitirá a uno para desarrollar, desarrollar y descubrir cumplimiento genuino en esta vida a través de ejercicios que va a llenar su piscina de vitalidad y hacerles sentir vigorizado. Todos los matices del mundo se encuentran en esta casa, y esto es en realidad por qué tenemos que ubicar sus mejores imágenes y la más cimentados indican todos juntos llegar a la capacidad de innovación genuina y expresamos a través de algo útil y excelente. Su aforismo latino Nati significa "joven", no aludiendo exclusivamente a los niños que todavía planteamos en nuestro propio interior niño.

La quinta casa en Aries

Se está fortaleciendo continuamente y cumpliendo tener el quinto set casa en un signo de fuego. Por otra parte, Aries es una indicación de que levanta el Sol y en asociación con esta casa. Se habla sobre el poder de una sólida vida, la seguridad, y la actividad en la búsqueda de la satisfacción.

La quinta casa en Tauro

Con la quinta casa en la indicación de Tauro, se espera su totalidad a asumir mentiras de cumplimiento de que uno de cada dinero relacionado y las cosas materiales. En cualquier caso, es bastante una cuenta de Venus y no podemos afirmar que se discute principalmente efectivo. Se trata de alguien que necesita para descubrir la euforia en el mundo material, y una posición tales hablarán regularmente sobre el afecto para su nutrición y disfrutando como una forma de presentación que decepciones ausencia de actividad les impide la sedimentación.

La quinta casa en Géminis

A causa de la casa quinto set en Géminis, podemos ver a alguien cuyo interior chico es realmente adolescente y locuaz. Es muy simple de identificar a los niños con esta posición, y llegar a ser conscientes de las motivaciones reales de uno, los procesos de pensamiento y carácter a una edad joven.

La quinta casa en Cáncer

En el momento de una quinta casa se encuentra en la indicación de cáncer, el cumplimiento se descubre constantemente a algún lugar en el árbol familiar. Esto puede ser tan satisfactorio como muy bien puede impugnar, por la propia articulación cerca de casa y delicias parecen depender increíblemente en sus precursores y su grado de conciencia.

La quinta casa en Leo

La quinta casa en la indicación de Leo habla a una pauta característica que destaca de manera inequívoca el carácter de uno. La vitalidad de hombres, beneficioso de Leo debe ser utilizada, y el más notablemente terrible que estas personas pueden hacer es intentar adaptarse a las evaluaciones de las personas alrededor de ellos y terminan en un horario diario exigente, sin espacio para su articulación al rojo vivo.

La quinta casa en Virgo

Con la quinta casa en Virgo, el principal reto es mantener una distancia estratégica de autoanálisis en un enfoque a la satisfacción. La felicidad se encuentra en sutilezas, en las cosas bien hechas, y todo lo que las necesidades de fijación y la consideración adicional. Este es el quinto lugar de las cuestiones de sentido común y es algo difícil de cumplir, sin embargo, muy compensar en lo que respecta a la composición y la articulación a través de palabras explícitas y el trabajo manual.

La quinta casa en Libra

En el momento en la quinta casa se encuentra en la indicación de Libra, vemos una señal sólida de que la satisfacción ha venido a través de otras personas. Esto es hasta cierto punto tratando de autonomía debe ser apoyada todos juntos para cualquier carácter para llegar al avance sólido, sin embargo, es, además, importante mostrar a sí mismo a través de otras personas y enfoque en todo el mundo que cumple con uno en el camino.

La quinta casa en Escorpión

El quinto set casa en la indicación de Escorpión discute el afecto por las dificultades apasionados profundas. Para alguien Comprender que transmite esta situación en su contorno natal, tenemos que comprender la necesidad de avanzar, el tormento, la esclavitud, temor, y al fin desaparición.

La quinta casa en Sagitario

En el momento en la quinta casa se encuentra en Sagitario, vemos que un individuo tiene un amor increíble por la teoría, los viajes, la instrucción y la capacitación. Por regla general, esta es una señal decente que permitirá a uno para crear y permanecerá abierta para las clases de ancho y una amplia gama de puntos de vista cambiado en su camino hacia la satisfacción.

La quinta casa en Capricornio

En el momento en la quinta casa está en la indicación de Capricornio, los retos de terror, locura, ajuste, y una notoria ausencia de restos que aparecen a vivir aquí. Nunca es sencillo tener la quinta casa aquí, ya que se vacía una tonelada de vitalidad de un individuo y habla de la falta de apreciación, tener algunos momentos buenos, y ofrecer ejercicios alegres y ligeros con otros individuos.

La quinta casa en Acuario

Aquarius es una indicación de los avances, analogías superiores, y el sistema que estamos en gran parte sin saberlo, con cables a, por lo que este es con frecuencia una señal de que alguien tiene una unidad sólida para hacer algo sin precedentes, único, nuevo, e insondable en la remota posibilidad de que se acaba encontrar la manera de expresar su carácter real hacia el interior.

La quinta casa en Piscis

Con la quinta casa a partir de Piscis, un individuo sin duda tiene una habilidad que debe ser encontrado y utilizado. Lo que descubren el amor a se convertirá en su fuente de motivación, ya pesar del hecho de que la indicación de Piscis es variable y no es constante en su totalidad, a fin de cuentas, esto es constantemente un puntero al amor increíble, uno que nos hemos encontrado en nuestra anterior existencia.

• sexta Casa

El sexto lugar de cada horóscopo habla al transportador de bienestar y problemas y condiciones fisiológicas en esta vida. Es la condición de nuestro cuerpo con su vitalidad y la resistencia se caracteriza por la casa principal. Sea cual sea la circunstancia representada a través de nuestra sexta casa, nuestras suposiciones necesitan descubrir afirmación a través del poder de los problemas o características del Ascendente y su gobernante, pues no dan la imagen física primaria y nuestra base, cualidades y defectos carnales. En su centro, el sexto lugar de un gráfico natal es una posición de programación que nos da una gran sustento, bienestar y plenitud, relativa a la indicación de Virgo y hablando de nuestra vida cotidiana viable y regular. Su máxima latina es Maletudo, que significa "bienestar", que caracteriza a esta como su trabajo esencial en nuestro diagrama.

La sexta casa en Aries

En el momento en la casa 6 empieza en la indicación de Aries, vemos a alguien cuya vitalidad está firmemente conectado a su práctica diaria de trabajo. Este es un lugar que pone énfasis en uno tienen que ensayar, iniciar algo nuevo, la práctica día a día, y en su mayor parte, habla sobre el aumento de la vitalidad que se activa por cambios a la propia programación diaria.

La sexta casa en Tauro

Con la casa 6 a partir de Tauro, vemos una prueba básica de alimento, lo que significa que es básico para localizar una práctica diaria decente en esta vida, comer bien mientras que, además de hacer la mayor parte de lo que hay en la mesa en la mayor parte de manera ideal.

La sexta casa en Géminis

La sexta casa en Gemini habla de habitabilidad de una psicológica y la capacidad, o la impotencia, para aislar del universo de una mente creativa y el pensamiento, y desciende a esta realidad presente, donde se encuentra la que se establecen.

La sexta casa en Cáncer

La sexta casa en cáncer de interfaces de uno profundas raíces apasionados al lugar de trabajo y bienestar. Asimismo, habla de las tendencias inconscientes que conducen a condiciones específicas y abajo a las condiciones terrestres.

La sexta casa en Leo

Con el sexto juego de la casa en Leo, dicha tonto debería encontrarse en el entorno laboral. Este es un lugar que hace hincapié en la calidad física de alguna manera u otra, y su indicación es, en su mayor parte, se observa a través de la situación del Sol

La sexta casa en Virgo

La sexta casa ve su situación regular como el de Virgo. La asociación entre ellos es sorprendentemente sólida y en el establecimiento encontrado a través de esta conexión es realmente básico en la vida de uno.

La sexta casa en Libra

Con la casa 6 en Libra, el camino hacia el bienestar de las mentiras que uno sea determinado, como en todo lo relacionado con Libra. Con los datos suficientes estas personas tienen la oportunidad de comer sano, asumiendo la responsabilidad por su estado y ajustar eficazmente a los nuevos lugares de trabajo.

La sexta casa en Escorpión

En la remota posibilidad de que la sexta casa se encuentra en la indicación de Escorpión, la conducta sin sentido es el mejor enemigo de la propia fisiología y estado mental. Dificultades que guardar lejos en esta posición no son en absoluto fáciles de tratar, por sus restos centro de la decepción pasión, la absolución, y el cambio. En la remota posibilidad de que no se renunciar, expulsión, y la obstrucción hacia el cambio, Escorpión no hará que uno optimista y una gran cantidad de ultraje recogerá aquí.

La sexta casa en Sagitario

La sexta casa en Sagitario se encuentra en su premisa de un poder defensivo para el bienestar de alguien. Esta es una posición en poder de las personas con enormes animales domésticos, objetivos y sueños grandes, que pueden ser llevados práctica por una disposición básica de los sentimientos. toda la asociación de la vida, en su mayor parte, se basa en la concentración de un individuo y la capacidad para localizar la llamada correcta y la orientación correcta.

La sexta casa en Capricornio

Con la casa 6 en Capricornio, el descanso y una rutina aburrida son las principales cosas que pueden permitir una para recuperar la vitalidad y sentirse seguro y sólido. Una profesión es decir de todos depende de las condiciones externas, los especialistas que son difíciles de reconocer, y esto es increíblemente probando si el Sol tiene cualquier tipo de problema con Urano, Acuario, o la regla undécima casa.

La Sexta Casa en Acuario

En el momento en que la indicación de Acuario está en la cúspide de la 6ta casa, es constantemente una señal de que A que se encuentra la normalidad en la familia esencial no es sólido o de apoyo para la fisiología del individuo. Los cambios son alimento vital y barato, resto luz, y la distracción mental no soportará la presión o problemas con los nervios.

La sexta casa en Piscis

Con la casa 6 en Piscis, hay algo oscuro sobre la manera de tratar con un modo de sonido de la vida. Vitalidad puede conseguir realmente baja y la realidad puede comenzar a aparecer a ser borrosa y perdida como si era difícil mantener los dos pies en el suelo uno de todos modos duro puede intentar.

• séptima Casa

Asuntos de la séptima casa se fijan constantemente en el mundo exterior y conexiones vamos a hacer en general. Su dicho latino es Uxor y esto significa "compañero de vida" con su trabajo concreto como un espejo de nuestro propio ser encontrado en otros individuos. Esto se relaciona con la indicación de Libra habla a nuestra paridad básica y nuestra capacidad para interactuar con los demás de la manera concebible más cercano. Esta manifestación nos da la tarea de descubrir la armonía en conexión con algo más explícita, y esto se ve a través de la señal en la cúspide de la casa séptima, planetas dentro de esta casa, y su gobernante.

La séptima casa en Aries

Con el séptimo juego de la casa en la indicación de Aries, la afabilidad no se ve con frecuencia en las conexiones acogedoras. Hay continuamente algo cubierto en la forma de vida de la discordia que debe ser educado, y la mayoría de situación común habla de una tendencia a rechazar las ventajas de contención, manteniendo lejos de él a pesar de que sería útil y provechosa.

La séptima casa en Tauro

Con la séptima casa en Tauro, hay constantemente una prueba de diferentes lados de Venus en el ámbito de las conexiones. Tauro es una indicación de las cualidades pragmáticas y con conexión a tierra, la magnificencia natural, algunas de las veces sin razón básica para las personas "pedigrí" fueron a fina, delicada, la excelencia externa. La séptima casa está comparando con la indicación de Libra, y en calidad de tal discute magnificencia externa, los cosméticos, la postura y la vanidad en sus dificultades.

La séptima casa en Géminis

En la remota posibilidad de que la séptima casa se encuentra en Géminis, existe claramente una gran cantidad de discutir en esta vida. Se trata de un individuo que se considera la correspondencia a ser clave para cualquier circunstancia cercano. La proximidad se procede a través de discusiones, los individuos se reunieron en las fiestas, y la imagen de un compañero locuaz se destacó regularmente en exceso.

La séptima casa en Cáncer

En la remota posibilidad de que la séptima casa se inicia en la indicación de cáncer, hay una gran cantidad que queda en el ámbito de las conexiones de nuestros precursores y familiares. Es difícil en la práctica cerca de un aislado a los objetivos de casas y bonos enmarcadas con otros individuos de las de tutores y parientes cercanos que introducen buenos ejemplos en la infancia del individuo.

La séptima casa en Leo

Con la séptima casa en Leo, todas las conexiones dependen exclusivamente de la capacidad de un individuo para localizar un caldo de centro y un punto de concurrencia con los demás en lugar de la negociación fuera sin sentido e ir a los límites de hacer y de no hacer lo que otros necesitan.

La séptima casa en Virgo

El séptimo juego de la casa en la indicación de Virgo habla de quietud y lleva central para cuestiones de análisis, la capacidad para descubrir cumplimiento en la realidad y la estructura de las conexiones que no necesitan ser tan impecable como al último.

La séptima casa en Libra

Esta es una situación característica de la séptima casa, lo que provocó una forma característica para hacer frente a las conexiones, el matrimonio y la capacidad de tener cuidado y política hacia los demás, independientemente de negar la posibilidad de que ellos son nuestros compañeros o enemigos.

La séptima casa en Escorpión

Con el séptimo juego de la casa en la indicación de Escorpión, se requiere extrema cercanía todos juntos para que el individuo descubre la plenitud. Esta es una posición extremadamente difícil de complacer y la idea de la casa principal a partir de ahora demuestra la capacidad de tomar delicada cercanía y proximidad, normalmente rechazados y disminuyó en otros.

La séptima casa en Sagitario

En la remota posibilidad de que la séptima casa se encuentra en Sagitario, sus entromete idea no permanente con la capacidad de uno para dar forma duradera las conexiones.

La séptima casa en Capricornio

A pesar de que la séptima casa en Capricornio habla regularmente acerca de las limitaciones y los personajes que son difíciles de consolidar con el carácter de uno central, que da un conocimiento específico de otras de las expectativas y tolerancia hacia otras personas.

La séptima casa en Acuario

Aquarius es una indicación de que discute la separación y división, al igual que todas las resistencias que se consolidan de acuerdo ideal en la naturaleza que nos rodea.

La séptima casa en Piscis

En el momento en la séptima casa comienza en Piscis, cuestiones de confianza son de la mayor importancia extrema para las conexiones sólidas que un individuo puede tener. Convicciones le hacen el destino, mientras que hay con frecuencia un tipo de misión que uno necesita para satisfacer el fin de descubrir cumplimiento y satisfacción.

• ocho Casas

Se trata de una casa que oculta todo lo que es desordenado, nuestros residuos y nuestro disgusto, nuestros sentimientos, las conexiones y las cosas que tenemos que liberar de, al igual que todo lo que nos empuje debajo de la alfombra, la disminución de ganga. En su última señal, este es el lugar de la muerte, viniendo como el punto de parada después de un número tan grande de cosas han sido expulsados por nuestro cuerpo a tratar, sin embargo, además, como una pieza ineludible de la vida. Se llama, además, la Casa de la Reencarnación, mientras que sus Mors máxima latina en realidad significa "desaparición".

La octava casa en Aries

Con la octava casa en Aries, el principal desafío de la vida es reconocer la potencia útil de molestia y de lucha. En el caso de que Marte no está increíblemente situado a su alrededor, esto habla de la propensión de uno a desperdiciar su vitalidad en temas sin importancia, éstos ven fundamentalmente a través de las piezas de prueba de Marte.

La octava casa en Tauro

Tauro es una indicación de que elogia la vida, mientras que la octava casa es la de aniquilarla. Tal vez la mejor restricción del zodiaco se encuentra en esta posición y el cambio vendrá como esta obstrucción moderada, molesto con la vida que, básicamente, tiene que romper tarde o temprano.

La octava casa en Géminis

Con la octava casa en Géminis, cambia constantemente de viaje a través de una metodología simple y poco profunda psicológica es prácticamente difícil de reconocer. Se trata de una carrera de la posición de molino para aquellas que entren en el mundo con su Ascendente en Escorpión, y vamos a ver que experimentan una verdadera dificultad para tolerar nada alegre que las necesidades de la profundidad y el impulso profundo en su centro.

La octava casa en Cáncer

Con la octava casa en Cáncer, es prácticamente difícil de controlar aprehensiones internas que dejan como legado por nuestra gente mayor. Se trata de una carrera de la posición de molino para aquellos cuyas madres temido embarazo, podría sentirse perdido y desolado en su perspectiva.

La octava casa en Leo

En el caso de que la octava casa está en Leo, no existe un método sencillo de reconocer la autoridad. No exclusivamente hará una necesidad individual una diferencia en la imagen cerca de su casa y ver, sin embargo, del mismo modo observarán todo sentido de cuestiones relacionadas con auto propias, en otros individuos. En el caso de que no van a reconocer la conducta inmadura y los esfuerzos de los demás, esto simplemente significa que no están destinados para el éxito.

La octava casa en Virgo

La indicación de Virgo tiene alguna idea acerca de lo que es la indulgencia. También puede parecer que quiero entrar en un examen meollo de todo, la eliminación de matices sin cosas inventivas largo de la vida cotidiana. El principal problema está cubierto en la forma en que, sin detalles, no habría utilidad, ya tierra cualquier pensamiento afectada, debemos ser lo suficientemente pragmático para la determinación de sutilezas.

La octava casa en Libra

La octava casa en Libra es una situación muy rara de esto es a todas luces conectadas a las personas que necesitan ser separado de todos los demás. A pesar del hecho de que es nuestra necesidad de regular para tener a alguien a adorar, ir tras congruencia inmaculada, esto claramente no hace una diferencia en todo el mundo en el zodíaco.

La octava casa en Escorpión

Este es un lugar que reúne de manera efectiva toda la basura en un solo lugar. Hay una información profundamente sembrada de finales y principios de todo lo largo de la vida cotidiana, mientras que estas personas reconocen todo el ciclo de la vida y la muerte único en relación con algunas otras personas en sus vidas.

La octava casa en Sagitario

En el momento en la octava casa se encuentra en Sagitario, hay algo peculiar en los sentimientos que este individuo tiene. Todo lo que se imaginan el trabajo voluntad - no, y al revés, como si todo el Universo está ahí para ellos muestran la relatividad de todas las cosas.

La octava casa en Capricornio

En la remota posibilidad de que la octava casa se encuentra en Capricornio, el deber es algo que no parecen tener un incentivo a la persona. Esto puede provocar una amplia gama de condiciones problemáticas en el caso de que Saturno se ha probado y no hay suficiente descanso y encuentros tranquilos durante toda su vida.

La octava casa en Acuario

Estamos en su mayor parte consciente de aspectos positivos a la indicación del acuario, particularmente aquellos de nosotros que ama la astrología o someter a cabo una presencia a la misma. Los individuos con su octavo juego de la casa en Acuario serán, en general, cumplirá lados simplemente negativos a este signo, y no pueden hacer frente a la presión, los cambios, el desarrollo de la promoción humana, y las discusiones rápidas que no parecen tener su establecimiento.

La octava casa en Piscis

Esto puede significar que están excesivamente sensata en sus condiciones normales de ofrecer un incentivo a sus fantasías, o que cada uno de sus esfuerzos para aparecer sus deseos plano de la caída.

• novena Casa

La novena casa es el lugar de la teoría, punto de vista, y los viajes. Su adagio latino Iter significa "aventuras" y esto es en realidad lo que esta casa se refiere. Es una posición de mayor personalidad y la comprensión más allá de todo lo encontrado en nuestro mundo material, más allá de nuestros límites y puntos de confinamiento de nuestro cuerpo.

La novena casa en Aries

En el momento en la novena casa está en la indicación de Aries, un individuo puede ser demasiado entusiasta acerca de sus convicciones, no permitiendo a otros a expresar su disposición de sentimientos. Guerreros de la religión, la moral, la metodología, la escuela o su propio avance de cualquier tipo son vistos aquí.

La novena casa en Tauro

En el caso de que la novena casa se encuentra en Tauro, la motivación detrás de la vida de un individuo se descubre constantemente a algún lugar en el mundo material. La experiencia debe ser trabajado en la realidad, a través de temas monetarios y físicos, y esta es la motivación exacta de por qué estas personas van a entrenar en los campos de dinero, la agricultura, la cocina, o la tierra.

La novena casa en Géminis

La novena casa en Géminis solicita desarrollo a través de la correspondencia. Estas personas van a adaptarse a nuevas cosas rápidamente y con entusiasmo, mientras que experimentan dificultades de embrague al mismo tiempo enormes piezas de información o el descubrimiento de la fusión por todo lo que han aprendido. Parchear los problemas encontrados en el pensamiento excesivo, tienen que entender asimismo la manera de permanecer compacto y concentrado en cada punto a su vez.

La novena casa en Cáncer

Con la novena casa en Cáncer, hay constantemente una solícitos sencillo celebrada en forma de un individuo - para descubrir la armonía. Esto no es una sencilla alguien estratégica con la mente interrumpiendo el tráfico, para nuestro instinto humano con frecuencia no permite suficiente tranquilidad y armonía para llegar a esa condición verdaderamente necesaria de lucidez y armonía.

La novena casa en Leo

En el momento en la novena casa se encuentra en la indicación de Leo, vemos que necesita a alguien para explicar la imagen de auto separado de su familia, la infancia y cualidades educados en casa. En la remota posibilidad de que están encantados de siquiera pensar en aceptar ese hecho es comparada con todas las personas, que pueden terminar agresivos y potencia sus conclusiones y sentimientos en todo el mundo alrededor de ellos.

La novena casa en Virgo

La novena casa en Virgo discute el énfasis en ayudar a otras personas, el trabajo de la filantropía, y asuntos de la humildad y el detalle. Los individuos que fueron traídos al mundo con esta posición casa regularmente quieren encontrar la manera de recuperar y normalmente comprender el conocimiento de su fisiología y problemas pragmáticos en el mundo material.

La novena casa en Libra

En la remota posibilidad de que la novena casa se encuentra en Libra, hay algo anormal en el marco confundiendo la condena de una persona, la cuestión fundamental es la forma en que sus convicciones parecen caracterizarse por otros individuos. Ellos descubrirán numerosos ejemplos buenos en esta vida y la necesidad de superar su autoanálisis con el fin de realmente llegar a su punto de vista ideales, el estado físico, o los objetivos de expertos que ven como su vocación.

La novena casa en Escorpión

Con la novena casa en Escorpión, tenemos que comprender que una persona va a asentarse en las decisiones que muchos consideran como extraño. En el mejor signo, esto se dará una profundidad inimaginable del cerebro, la confianza en la intensidad del planeta Tierra, la asociación con piscinas ilimitadas de vitalidad interior y una propensión a pensar en la ciencia, la ciencia del cerebro, o incluso misteriosas lecciones.

La novena casa en Sagitario

La novena casa en la indicación de Sagitario habla de una personalidad superior, por así decirlo, y demuestra de uno tienen que viajar, aprender y ampliar sus puntos de vista sin embargo tanto como podría esperarse razonablemente.

La novena casa en Capricornio

En la remota posibilidad de que la novena casa de uno se fija en la indicación de Capricornio, sus convicciones pueden ser un fastidio que se endurecieron. Será difícil para ellos para desplegar una mejora en el ritmo o el título, una vez que se propuso lograr algo. Su tema fundamental es cubierto en una verdadera razón para todo en sus vidas. Esta es la razón por la que de vez en cuando tienen que negociar su razonabilidad y buen juicio para una o dos fantasías.

La novena casa en Acuario

Con la novena casa en Acuario, aspiraciones y deseos de uno rara vez son estándar. Aprendizaje a través de las imágenes será al menos algo sencillo, hace que estos individuos fueron a la bola de cristal, la ciencia y la programación. El problema surgirá cuando un individuo con esta novena casa no quiere reconocer la obligación con respecto a su propia vida.

La novena casa en Piscis

En la remota posibilidad de que la novena casa de alguien se encuentra en la indicación de Piscis, hay, sin duda, debe seguir una estrategia a en esta vida.

• décima Casa

En el punto de que cuando hablamos de nuestra vocación y nuestro bienestar económico, estamos hablando de nuestra casa décima. Es donde la mayoría de nuestras aspiraciones ir, y simplemente como Marte se magnifica en el signo X - Capricornio, nuestra primera casa regla normalmente se centra alrededor de la casa décima para llegar a sus objetivos. Sus significa regnum agudeza América "Unido" y sirve bien para nosotros comprender el significado de esta casa en nuestra propia vida.

La décima casa en Aries

En la remota posibilidad de que la casa décima se encuentra en la indicación de Aries, no es una característica necesaria para un individuo para concentrar su vitalidad en los objetivos de la vocación y el futuro material que puede montar. Esta es la posición asociada a los pioneros y los individuos que comenzó algo nuevo, terminando generalmente conocido por su unidad y su capacidad para dirigir el camino.

La décima casa en Tauro

Con la décima casa en Tauro, una de cada objetivo en la vida es a todas luces física, despertando cumplimiento. La situación de Venus nos permitirá conocer de la cuestión cotidiana esto se aplica a, sin embargo, va a ser consistentemente asociado con la búsqueda de la felicidad sexual y el derecho, sonido práctico diaria.

La décima casa en Géminis

Si la casa décima se establece en Géminis, podemos asumir de inmediato que un gusto individual para hablar y ser visto hablando. Del mismo modo, como la séptima casa, Géminis le gusta para impartir sus conocimientos con el mundo, se trata de alguien que ofrece, así como los datos da la oportunidad de caracterizarlos en el ojo público.

La décima casa en Cáncer

En el momento en la casa décima está en Cáncer, vemos que los trabajos se han dado la vuelta, y la familia de este individuo necesidades para que se parece enormemente de la familia que se originó a partir. Entusiastas y expertos están entretejidos aquí, por lo que es muy común para que puedan mantener el mantenimiento de una empresa privada, o cambiar sus vidas hacia los jóvenes y la imagen de una familia ideal.

La décima casa en Leo

Con la décima casa en Leo, se obtiene un jefe común. Independientemente de que este individuo no está dotado de individuos administrar y su sol es impotente, que van incluso ahora intentará hacer alarde y presentarse como prevaleciente enorme o como si ellos son los que mandan, sólido,

La décima casa en Virgo

En el momento en la casa décima es en la indicación de Virgo, un individuo es a todas luces traído al mundo con una necesidad de fijar sus objetivos. Alcanzarán con tan poca frecuencia hacia el cielo o el ejercicio de posiciones que pueden haber sido hechas como si se van a auto juicio demasiado simple como para siquiera pensar en hacer cualquier avance experto en absoluto.

La décima casa en Libra

Si la casa décima se establece en Libra, que en un instante observamos que el punto focal de la realidad de uno se encuentra en sus conexiones. Otros individuos se caracterizan el objetivo de este individuo escogerá, y no va a ser simple en su carácter si el Sol no es sólido en su posición y forma a través del planeta que lo administra.

La décima casa en Escorpión

Si décima casa de alguien empieza en la indicación de Escorpión, la principal preocupación que deben alcanzar en esta vida es profundidad entusiasta. Este es un signo de agua profunda que permita no hay emociones poco profundas, y en calidad de tal, es una razón sólida para el logro de expertos.

La décima casa en Sagitario

Con la décima casa en Sagitario, es obvio que le pide el progreso del aprendizaje como si la vida era una condición básica. Sea como fuere, esta es la indicación considerando todas las cosas y demuestra la propensión de un individuo a trabajar en el extranjero o el ejercicio de su profesión objetivos algún lugar un largo camino desde el punto en que fueron concebidos en.

La décima casa en Capricornio

En el momento en la casa décima comienza en Capricornio deseo no es un problema y las cosas, en general, ser lo bastante obvio. El problema va a surgir una vez que el individuo entiende que su ausencia de vitalidad provocó algunas decisiones terribles, empujándolos hacia los sentimientos de culpa sin sentido.

La décima casa en Acuario

En la remota posibilidad de que la casa décima está en Acuario, un individuo es a menudo caprichosa, extraordinario, el uso de tonos que no se ve todos los días, o en otra ruta anormal con el mundo exterior.

La décima casa en Piscis

En el momento en la casa décima está en Piscis, no hay lugar común en qué medida sus decisiones profesión va a durar. Esto es con frecuencia desconcertante como la razón de cada actividad difumina progresivamente contable de los compromisos y obligaciones que un individuo no está preparado para sumergirse.

• undécima Casa

Este es un lugar de parentesco, sin embargo, además, este punto extraño en un horóscopo en la que descubrimos se acerca a hablar con nuestro carácter interior y el universo externo. La undécima casa habla esencialmente de cómo Dios se dirige a nosotros. Este es nuestro punto de vista de la confianza, convicciones, religión, y todo lo que ofrece una razón para nuestra realidad. Nos va a empujar hacia acomodar ejercicios y las decisiones tomadas por la prosperidad de toda la humanidad. Su nombre latino Benefactor significa "comunión" y esto es, sin duda, su trabajo esencial.

La undécima casa en Aries

En el momento en la casa XI comienza en Aries, las cosas no son nunca tranquila en la actividad pública de este individuo presente. Hay en todos los casos nuevos asociados sosteniendo no muy lejos, y esto puede hacer que su metodología algo superficial dada la convicción de la vida va a llevar continuamente a otra persona a nuestra manera. Será cualquier cosa menos difícil hacer compañeros todavía algo difícil de embrague para ellos excepcionalmente larga.

La undécima casa en Tauro

La undécima casa en Tauro habla de la importancia de la actividad pública para la realización de material de un individuo. Esto no significa que sus asociaciones con los compañeros tienen nada que ver con dinero en efectivo, a pesar de que efectivamente podrían, sin embargo, en lugar de los cumplimientos de la Tierra se perciben a través de ellos. Ellos se enteren de sus facultades a través de contactos sociales y con frecuencia tienen muchas conexiones constantes, APRECIACIÓN y delicados que perduran para siempre.

La undécima casa en Géminis

Con la undécima casa en Géminis, vemos a alguien que desea discutir tiene algo que expresar y constantemente se encuentra a unas cuantas personas para sintonizar. Las becas son rápidos, energizante y con agallas. Hay constantemente una tonelada de qué hablar y considerar mientras conceptualización es el movimiento más satisfactorio en sus experiencias sociales.

La undécima casa en Cáncer

Si la undécima casa comienza en el cáncer, todo el mundo en la familia de este individuo actual se sentirá como compañeros. Esta es una situación extraña, como la undécima casa debe estar allí para liberarnos de nuestros lazos entusiastas, sin embargo, esta no es la situación aquí. Estas personas tienen afectos sólidos para aquellos que asocian con, han aumentado alrededor de otras facultades particulares y otros tratan con compasión.

La undécima casa en Leo

Con la undécima casa en Leo, la imagen de parentescos efectivamente convierte a ser una prioridad más alta que los compañeros genuinos. Por un lado, se trata de un problema importante en la vida de un individuo, y por el otro, que será, en general, se mezclan simplemente con las personas que hacen que se vean bien. Autorreconocimiento viene a través de otras personas y que tiende a ser difícil de controlar y evitar personas que obliguen a su voluntad y mostrar afrenta.

La undécima casa en Virgo

En el momento en que la undécima casa se encuentra en la indicación de Virgo, existe regularmente algún tipo de problema con compañeros de este individuo se encuentra.

La undécima casa en Libra

La undécima casa le gusta estar en Libra por sus problemas de correspondencia y su énfasis en las conexiones significativas por lo que es fácil de dar forma a los contactos sociales. Sea como fuere, la indicación de Libra en sí no aprecia esta posición provocó un gran número de cambios, en su apasionada vida, al igual que las rupturas o separación en la remota posibilidad de que no se han recogido un cómplice que es a la vez su acompaña y su querida consolidadas.

La undécima casa en Escorpión

Mientras que muchos creen que la undécima casa en Escorpión es muy molesta y manteniendo, no debemos pasar por alto que la indicación de Escorpión es la indicación de la adoración de Urano y habla de los compañeros más cercanos podríamos descubrir.

La undécima casa en Sagitario

En la remota posibilidad de que la undécima casa se encuentra en la indicación de Sagitario, los individuos que abarcan este individuo son promotores, educadores, navegantes y compañeros liberales que no lo haría contrastes traste en las evaluaciones, entrenamiento o carrera.

La undécima casa en Capricornio

En el momento en la undécima casa se inicia en Capricornio, compañerismos pasado, cargado con la tolerancia y un sentimiento de compromiso. Sin una premisa sólida, es poco lo que debería ser posible mejorar la actividad pública, y que debe ser abarcada por las personas que vienen excepcionalmente "sugerido" por aquellos que a partir de ahora la confianza.

La undécima casa en Acuario

La undécima casa en Acuario habla de la libertad que necesita un individuo. Cautivos a nuestros desafortunados horarios, las decisiones, las propensiones y conexiones, estos individuos tendrán un deseo inequívoco de ser libre y comunicada con la mayor precisión a sí mismos en su público en general.

La undécima casa en Piscis

En el momento en que la undécima casa se encuentra en la indicación de Piscis, compañerismos son nublado y brumoso. Se trata de un individuo que tiene una empresa para descubrir la confianza en los demás y se acompañará constantemente dificultades y desafíos en su forma.

• duodécima Casa

Se trata de una casa con el nombre latino de Cáncer, que significa "cárcel" y que realmente puede transformar su vida en la cárcel en cualquier forma concebible. Es, además, se llama La Casa de la autodestrucción. El avance regular de nuestros Ser experimenta esa columna constante de las casas, el segundo después de que el principal, la tercera después de la segunda, y así sucesivamente.

La casa duodécima en Aries

En el momento en la duodécima casa se encuentra en la indicación de Aries, es muy a menudo una señal de que los problemas con los límites de sonido estarán disponibles en la vida de un individuo. Otros serán irrumpir en su realidad como si no tuvieran capas de percibir y protegerse a sí mismo de las personas que toman su vitalidad.

La casa duodécima en Tauro

En la remota posibilidad de que la duodécima casa se encuentra en la indicación de Tauro, el secreto del mundo material puede permanecer encubierto desde hace mucho tiempo, al igual que la indulgencia y la búsqueda de plenitud en este mundo material. Esta es una posición normal para las personas que nunca han sentido la alegría genuina, y todo el mundo con las experiencias sexuales de misterio, o si nada más las personas que quieren comer escaparon cualquier otra persona.

La casa duodécima en Géminis

La duodécima casa en Géminis no es excepcionalmente fácil en vista de su naturaleza de Piscis y todo lo que tiene que ver con sentirse como un elemento completamente separado de una idea sensata. Discurso puede ser debilitada, mientras que aquellos con menor confianza van efectivamente a hablar y asuntos que no son de ellos para examinar en primer lugar. Esta es, además, un lugar que podría dar una capacidad impresionante para dialectos, las palabras y componer.

La casa duodécima en Cáncer

Con la duodécima casa en la indicación de cáncer, se puede ver un fuera de la pieza de registro de la información en una fracción de segundo, al igual que la inclinación a admirar uno de los guardianes. Se trata de un peso de un árbol de la familia entera y una huella que las obligaciones se quedaron en los círculos de la pasión y el interior delicada. cuestiones extrañas se polizón en la duodécima casa y cuando el cáncer está aquí, se puede ver estos temas extraños en la casa de uno y conexiones cercanas.

La casa duodécima en Leo

En el momento en la duodécima casa comienza en Leo, el personaje en sí es a todas luces anómala, delicado, y oscuro. Estas personas deben saber acerca de su capacidad y su verdad interior, al tiempo que permanecen en las aguas brumosas escapó a la vista.

La casa duodécima en Virgo

Si la duodécima casa está en Virgo, casi nos podemos imaginar el sistema en la mente de un individuo haciendo que se parecen ser inepto cuando tienen que indicar cómo astuto que son, e inimaginablemente inteligente en la mayoría de las circunstancias excéntricos.

La casa duodécima en Libra

Con la duodécima casa en Libra, que parece ser ineludible de mentira o ser engañado, y normalmente ambos. En cualquier caso, en la remota posibilidad de que nos propusimos esto a un lado, podemos ver la historia sobrenatural de Libra en esta casa desconcertante y entender que alguien que una vez detrás del izquierdo está ahí para nosotros para descubrir de nuevo en esta vida. Cosas que se perdieron en nuestra duodécima casa tienden a mostrarse en algún momento en el futuro no muy lejano.

La casa duodécima en Escorpión

La duodécima casa en Escorpión es un lugar fascinante. Algo tan impensable como se estipula como Escorpión vez en cuando encontrar una sala cubierta interior adecuada, sin embargo, esta posición les permite. Lo más desastrosa radica en la capacidad de uno para cubrir sus propias emociones, acciones, o anhelos, al fin de terminar con ninguna atención a su verdadera luz interior.

La casa duodécima en Sagitario

En el momento en la duodécima casa se encuentra en Sagitario, por lo general, observamos a alguien que no tiene idea de a dónde van. Estar perdido es a todas luces la dolencia congénita en estos individuos y no tienen ninguna oportunidad de obtener de saber dónde tienen que terminar.

La casa duodécima en Capricornio

Con la duodécima casa en Capricornio, no se sabe que la responsabilidad cae bajo cuya configuración regional. El problema de esta configuración cubre hasta en el hecho de no ver que un establecimiento sólido hace todo el trabajo, y teniendo en cuenta que los pensamientos inteligentes pueden hacer algunos progresos increíbles, que no se parecía efectivamente si el trabajo diligente no se coloca en.

La casa duodécima en Acuario

La duodécima casa en Acuario habla de una muerte desagradable que ocurrió en nuestra existencia anterior. Esta es una posición de presión y dirección mental extraño, tirando enérgicamente con su otra gravedad consciente y la inconsciente necesidad de liberar, apartado de cualquier otra persona, y se hunden en toda resistencia común única, como si no había otra manera.

La casa duodécima en Piscis

En la remota posibilidad de que la duodécima casa se encuentra en la indicación de Piscis, todos los puntos de vista privilegiados se hundieron mucho más profunda que en diferentes casos. Esto implica toda madriguera a través de cuestiones intuitivos debe ser intensivo y parecerá estar más alejado de los demás, a su destape en general resultados.

Capítulo 2: Introducción a los 12 signos del zodiaco

• Aries

Como el principal signo en el zodíaco, la cercanía de Aries indica constantemente el comienzo de algo vivaz y violenta. Ellos están constantemente en busca de dinámica, la velocidad y la rivalidad, siendo el primer continuamente en todas las cosas - del trabajo para encuentros. A causa de su decisión planeta Marte y la realidad que tiene un lugar con el componente de fuego (simplemente como Leo y Sagitario), Aries es uno de los signos más dinámico del zodiaco. Es en su inclinación a hacer un movimiento, de vez en cuando antes de que lo consideran así.

El Sol en tan alta respecto les da una gran capacidad jerárquicos, ¡por lo que de vez en cuando se reúnen un Aries que no está equipado para completar algunas cosas sin perder un instante, regularmente antes de las vacaciones de medio día! Sus dificultades muestran cuando se ponen inquietos, contundente y de ventilación ultraje dirigiéndola hacia otros individuos. personajes sólidos traído al mundo bajo este signo tienen una asignación a la batalla por sus objetivos, agarrando comunión y colaboración a través de esta manifestación.

Aries rige la cabeza y clientes potenciales con la cabeza, con frecuencia en realidad paseando de cabeza, los avances para la velocidad y el interés básico de estabilidad. Sus agentes se atreven con normalidad y con poca frecuencia aterrorizados de preliminar y peligro. Tienen calidad energética y la vitalidad, prestando poca relación con su edad y rápidamente desarrolla algunas diligencias al azar.

La narrativa del Toisón de Oro guía el vuelo Ram. Un Aries se prepara para ser el santo del día, volar, y transmitir muchas personas frágiles, puesto en peligro en su espalda. La intensidad del golpe se lleva en la espalda, porque no es más que el oro, brillante y atractivo para los que se preparan para el doble cruce. La historia de grandeza que no es otra cosa que es difícil transmitir en estos dos cuernos, y si esta criatura no quede despojada, lo que permite el cambio y dar a alguien un suéter caliente, que no tendrá mucho para llegar desde el mundo. Cada Aries tiene una misión para compartir su posición, poder, oro, o la calidad física con otras personas con entusiasmo, o la vitalidad se detendrá en su flujo característico, temor dominará, y el camino hacia dar y recibir llevará a cabo la paridad en cero.

• Tauro

Con sentido común y una actitud bien fundamentada, Tauro es el signo de que reúne los productos del trabajo. Ellos quieren ser abarcadas constantemente por la adoración y la excelencia. Los individuos traídos al mundo con su Sol en Tauro son eróticos y materiales, teniendo en cuenta el contacto y sabor el más significativo en igualdad de todo. Constante y preservacioncita, este es uno de los indicios sólidos más del zodiaco, preparados para sufrir y se adhieren a sus decisiones hasta que lleguen a los fines de la realización individual.

Tauro es un signo de tierra, lo mismo que Virgo y Capricornio, y puede ver las cosas desde un punto de puesta a tierra, útil y sensata de vista. Ellos piensan que su simple a beneficio y permanecen en empresas similares durante un período considerable de tiempo, o hasta que se terminó. Lo que observamos regularmente como tenacidad puede ser descifrado como la responsabilidad, y su capacidad para hacer mandados acabado lo que sea necesario es asombroso. Esto hace que sean magníficos trabajadores, increíbles compañeros de larga distancia y cómplices, siendo continuamente existen para las personas que aprecian. La nota natural hace que sobreprotector, tradicionalista, o materialista de vez en cuando, con puntos de vista sobre el mundo establecidas en su adoración por dinero en efectivo y riquezas.

El planeta principal de Tauro es Venus, el planeta del afecto, la fascinación, la magnificencia, el cumplimiento, la imaginación y la apreciación. Esta naturaleza delicada hará Taurus un cocinero fenomenal, educadora, corazón, y el artesano. Ellos son firmes y no se preocupan por los cambios inesperados, el análisis o la búsqueda de personas están inclinadas culpa regularmente para, siendo en cierta medida fiable sobre otras personas y sentimientos que parecen ser capaces no cedida. A fin de cuentas, independientemente de su potencial de ensayo apasionado, estas personas pueden obtener una voz pragmática de la explicación de cualquier turbulento y circunstancias indeseables.

El errante Bull, siendo la persona que se agotó su compañero más cercano, la diosa Hera a sí misma, es un ser desastroso que serpentean a las necesidades de la Tierra para descubrir oportunidades. Como si algo estaba continuamente golpeando ellos a pesar de su buena fe, ayudándoles a recordar la alegría que solía ser, escozor y empujando avances, cierran en sus propios universos, desesperados y aislados de su centro. Para descubrir el amor, Tauro tiene que adentrarse en los rincones más alejados del planeta, cambiar el punto de vista o hacer un movimiento en su convicción de marco conjunto y su disposición de cualidades.

• Géminis

Expresiva e inteligente, Géminis habla a los dos personajes distintos en uno y usted nunca será cierto que se va a enfrentar. Son amables, informativo y preparado por el bien de entretenimiento, con una inclinación de dejar de fumar abruptamente en torno a engañar, astuto y ansioso. Ellos se sienten atraídos con el mundo mismo, increíblemente curiosos, con un sentimiento constante de que no hay suficiente oportunidad de encontrar todo lo que necesitan para ver.

La indicación de Géminis tiene un lugar con el componente del aire, va con Libra y Acuario, y esto lo asocia a todas las partes del cerebro. Se rige por Mercurio, el planeta que habla a la correspondencia, composición, y el desarrollo. Los individuos traídos al mundo bajo este signo solar regularmente tienen una inclinación que su otra mitad se encuentra, por lo que siempre están buscando nuevos compañeros, entrenadores, socios, e individuos para conversar con ellos.

perspectivas alterables y receptivo de Géminis les hace artesanos fantásticos, en especial los autores y escritores, y sus habilidades y capacidad de adaptación los hacen brillar en las actividades de intercambio, de conducción, y de grupo. Se trata de una curiosa señal sin preocupaciones adaptables, traído al mundo con un deseo de encontrar todo lo que hay ahí fuera, en el planeta. Esto hace que su carácter motivador, y nunca agotar.

Hay una gran cantidad de inocencia caprichosa en la idea de Géminis, contando su historia de fraternidad, el amor entre compañeros más cercanos y familiares que son totalmente única por el carácter, las condiciones, la apariencia física, o la niñez. Ellos están en este mundo para contrastes de reparación y hacer que se sientan bien, dispuestos a dar su vida por un hermano o un compañero. Géminis Amor y divertido el sexo y constantemente preparado para un reto académico, Géminis ve el amor primero a través de la correspondencia y contacto verbal, y descubre que tan importante como el contacto físico con su cómplice. En el momento en que estos dos consolidar, impedimentos todos parecen desenfoque. Curioso y constantemente preparados para ser una tomadura de pelo, un Géminis podría invertir una gran cantidad de tiempo con varios queridos hasta que localizar la correcta que pueda coordinar su astucia y vitalidad.

• Cáncer

Profundamente instintivo y melancólica, el cáncer puede ser uno de los más signos del zodiaco pruebas de conocer. Son extremadamente apasionado, delicado, y se preocupan profundamente acerca de los problemas de la familia y su hogar. El crecimiento maligno es reflexivo y anexa a las personas que mantienen estrecha. Aquellas que entren en el mundo con su Sol en Cáncer son extremadamente fiel y preparados para entender el tormento de otros individuos y duradera.

La indicación de cáncer tiene un lugar con el componente de agua, lo mismo que Escorpión y Piscis. Guiados por el sentimiento y el corazón, que podrían experimentar graves dificultades de mezclar en sus alrededores en general. Al estar regido por la Luna, los períodos del ciclo lunar desarrollar sus acertijos interiores y hacen ejemplos apasionados vivido corto que están fuera de su capacidad de control. Como los niños, que necesitan más adaptación y vigilados sistemas para el mundo exterior y debe ser acercado con consideración y comprensión, porque eso es lo que dan en consecuencia.

La ausencia de persistencia o incluso el amor se mostrará a través episodios emocionales en algún momento en el futuro, e incluso la estrechez mental, egocentrismo o control. Se precipitan a ayudar a otras personas, de manera similar mientras se apresuran para mantener fuera de la contienda, y de vez en cuando las ventajas de la batalla cerca de cualquier tipo, golpeando continuamente a alguien más a tierra, mayor o más dominante de lo que imaginaron. Cuando el contenido con sus decisiones de vida, cánceres agentes estarán contentos y sustancia a ser abarcados por una familia estimación y cordialidad en su casa.

El entusiasmo puede hacer que se ponen en peligro su propia prosperidad, luchando por la motivación de otra persona, como si los demás pueden convertir en su poder más alto. El cangrejo se da cuenta de a dónde quiere ir, sin embargo, esto es con frecuencia fuera de curso, en todo caso, hasta que adquieran la competencia con sus ejercicios y empezar a depender completamente de sí mismos.

• León

Los individuos traídos al mundo bajo la indicación de Leo son pioneros concebidos normales. Ellos son sensacionales, inventivo, sin miedo, predominante y sorprendentemente difícil oponerse, listo para llevar a cabo todo lo que necesitan en cualquier asunto cotidiano que se centran en. Hay una solidaridad particular a un Leo y su "regla del desierto" status. Leo con frecuencia tiene numerosos compañeros porque ellos son liberales y fiel. Seguro de sí mismo y atractivo, este es un signo solar equipado para la unión de varias reuniones de los individuos y la conducción de ellos como uno hacia una razón común, y su sólida inclinación cómica hace que la cooperación con otros individuos considerablemente más simples.

Leo tiene un lugar con el componente de fuego, lo mismo que Aries y Sagitario. Esto hace que sean el cuidado, en adoración con la vida, tratando de risita y tienen un tiempo decente.

Listo para utilizar su cerebro para hacer frente incluso las cuestiones más problemáticas, van a paso de manera efectiva a la placa en la solución de las diferentes circunstancias confusas. Dirigido por el Sol, Leo adora esta sustancia al rojo vivo en el cielo, verdaderamente justo como en sentido figurado. Ellos están en una búsqueda de un desarrollo constante de la atención y ser interior. Teniendo en cuenta sus deseos y carácter, que puede sin gran parte de una solicitud de estiramiento todo lo que necesitan, sin embargo, que podría simplemente hacer caso omiso sin darse cuenta las necesidades de otras personas en su búsqueda para la adición o el estado individual.

El León habla constantemente acerca de la fortaleza. Se trata de una criatura intrépida y difícil desafío, daño o demoler, sus solitarios deficiencias siendo temor y la hostilidad hacia aquellos que vayan en contra. No obstante, ellos nunca deben permanecer allí por mucho tiempo. Con su cabeza en alto, es necesario que los demás confrontan con aplomo y sentido, no plantear una voz, una mano o un arma, valientemente dar un paseo por el bosque que gobiernan.

• Virgo

Virgos están centrando continuamente en las sutilezas más pequeños y su profundo sentimiento de la humanidad ellos uno de los más pequeños índices del zodíaco hace. Su forma eficaz de tratar con garantías de vida que aún queda nada arriesgar, ya pesar del hecho de que son regularmente delicada, sus corazones se cierran para el mundo exterior. Esta es una señal juzgado mal frecuencia debida, no a causa de que ellos no tienen la capacidad de expresar, pero ya que no reconocen sus sentimientos tan sustanciales, genuino, o incluso aplicable cuando contradice a la razón.

Virgo es un signo de tierra, encajando consumada entre Tauro y Capricornio. Esto dará lugar a un carácter sólido, sin embargo, uno que favorece tradicionalista, cosas eficientes y una gran cantidad de razonabilidad en su día regular para la existencia día. Estas personas tienen un solucionó la vida, y, en cualquier caso, cuando dejar de lado tumulto, sus objetivos Sueños todavía tienen franjas cuidadosamente caracterizado su psique. Siempre hicieron hincapié en que se perdió un detalle que será difícil de arreglar, pueden atascar en sutilezas, terminando excesivamente básica y preocupado por cuestiones que no parece haber más en qué pensar mucho.

Dado que Mercurio es el planeta decisión de este signo, sus agentes tienen una sensación así creada de discurso y componer, al igual que cualquier otro tipo de correspondencia. Numerosos Virgos pueden buscar después de una profesión como eruditos, columnistas, y mecanógrafos, sin embargo, su necesidad de servir a los demás les hace sentir grande como figuras de los padres, sobre la asistencia razonable.

• Libra

Los individuos traídos al mundo bajo la indicación de Libra son tranquilas, razonable y detestan estar lejos de todos los demás. Asociación es significativa para ellos, como su espejo y alguien que les permite ser simplemente el espejo. Estas personas están en trance de ecualización y el equilibrio, que están en un constante persiguen la equidad y el equilibrio, reconociendo por la vida que lo principal que debe ser realmente imprescindible a sí mismos en su propio carácter interno. Esta es alguien dispuesto a hacer cualquier cosa para mantenerse alejado de la lucha, manteniendo la armonía en cualquier punto concebible

Libra es una mota de paridad en el océano de varios límites, mostró de forma única a través del nivel quince de esta excelente señal, un artículo entre las criaturas y los individuos. Hay algo terriblemente incierto sobre Libra como si fueran inciertos cuya placa de inmediato problemas, teniendo en cuenta que las cosas pasan y nos instruyen para ser cautos en torno a otras personas. Todo lo que hacemos en nuestras vidas, solo sirve para señalar la ruta para nuestras almas hacia ese "poder superior" a medida al fin nuestra realidad. Revelar a nosotros donde resultó mal o lo que hicimos bien, Libras, sin saberlo, nos instruyen que cubre una auténtica libertad en delicadeza.

• Escorpión

Escorpión-concebidas son personas entusiastas y segura de sí misma. Ellos se resuelven y concluyente, e investigarán hasta que descubren la realidad. Escorpión es un pionero increíble, constantemente consciente de la circunstancia y además incluye visible en la creatividad.

Escorpión es un signo de agua y vive a la participación y expresar sentimientos. A pesar del hecho de que los sentimientos son importantes para el escorpión, que los muestran de forma única a diferencia de otros signos de agua. En cualquier caso, puedes estar seguro de que el escorpión se quedará discreta, cualesquiera que sean.

Plutón es el planeta del cambio y la recuperación, y además el gobernante de este signo del zodiaco. Los Escorpión son conocidos por su conducta tranquila y fresca, y por su aspecto desconcertante. Los individuos con regularidad estatales que Escorpión concebido están furiosos, muy probablemente a causa de que ellos ven muy bien las normas del universo. Algunos Escorpión-concebida puede mirar más establecidos de lo que realmente son. Son fantásticos pioneros, ya que se dedican a lo que hacen. Escorpiones detestan falta de veracidad y pueden ser extremadamente deseosos y sospechoso, por lo que tienen que encontrar la manera de ajustar aún más eficazmente a diversas prácticas humanas. Escorpión es atrevido y, de esta manera, tienen un montón de compañeros.

• Sagitario

Curiosos y vigorosa, Sagitario es quizás el más grande entre todos los viajero signos del zodiaco. Su perspectiva receptiva y vista filosófica les impulsan a serpentear en todo el mundo buscando el significado de la vida. Sagitario es una mariposa social, idealista y lleno de energía, y cambia las preferencias.

Sagitario-trajo al mundo puede cambiar sus reflexiones en las actividades de sólidos y que va a lograr con eficacia sus objetivos.

Al igual que los otros signos de fuego, Sagitario debe estar continuamente en contacto con el mundo para el encuentro por mucho como podría esperarse. El planeta decisión de Sagitario es Júpiter, el planeta más grande del zodíaco. Su afán no tiene límites, y de esta manera, los individuos traído al mundo bajo el signo de Sagitario tienen una inclinación cómica increíble y un interés serio.

La oportunidad es la fortuna más prominente a la luz del hecho de que exactamente en ese momento se puede viajar sin reservas e investigar las diversas sociedades y métodos de razonamiento. A la luz de su confiabilidad, Sagitario-concebidas son regularmente ansiedad e impropio cuando tienen a otro o de lograr algo, por lo que es imperativo encontrar la manera de transmitir lo que tiene que estar en una forma socialmente tolerante y adecuada.

• Capricornio

Capricornio es una indicación de que habla con el tiempo y la obligación, y sus agentes son habituales y con frecuencia intensa de forma natural. Estas personas tienen una condición interna de la autonomía que le autoriza gran avance tanto en sus propias vidas y de expertos. Son jefes de discreción y pueden abrir el camino, hacen planes fuertes y prácticos, y numerosos individuos Supervisar que trabajan para ellos cada vez. Ellos se beneficiarán de sus confusiones y llegar a la parte superior depende de su experiencia y maestría.

Tener un lugar con el componente de la Tierra, similar a Tauro y Virgo, esta es la última señal en el trío de sentido común y se instauran. Además del hecho de que se centran en el mundo material, sin embargo, pueden utilizar el máximo provecho de ella. Lamentablemente, este componente, además, hace que sean endurecidos y de vez demasiado difícil siquiera pensar en pasar de un punto de vista o un punto en una relación. Ellos experimentan considerables dificultades para tolerar contrastes de otros individuos que son excesivamente lejos de su carácter, y fuera de temor pueden intentar forzar sus cualidades habituales fuerza.

Saturno es el planeta decisión de Capricornio, y este planeta habla a limitaciones de numerosos tipos. Su impacto hace que estos individuos razonable y consciente, sin embargo, además de frío, lejano e implacable, inclinado al sentimiento de culpa y se fue al pasado. Tienen que encontrar la manera de excusa para hacer su propia vida más ligera y cada vez más positiva.

Continuamente preparados para el cambio en algo que las unidades de esas cosas aterradoras de distancia, Capricornio habla de cada respuesta de la cadena regular de terror, donde una cosa alarmante indicaciones numerosos otros, ascendente como instrumentos guardados que agravan la situación en solitario. Empapado en su misterio, se enfrentan al mundo de manera similar, ya que son - lo suficientemente valiente para no huir, sin embargo, siempre miedo de sus animales hacia el interior.

• Acuario

Aquarius-concebidas son modestos y tranquilo, sin embargo, de nuevo pueden ser caprichosa y ardiente. Sea como fuere, en los dos casos, son estudiosos profundos e individuos excepcionalmente educados que aman ayudar a otras personas. Ellos pueden ver sin prejuicios, en los dos lados, lo que los convierte en individuos que puedan hacer frente a los problemas, sin duda.

A pesar del hecho de que pueden sin gran parte de un tramo de adaptarse a la vitalidad que los rodea, acuario-concebido tiene un profundo debe ser un tiempo a solas y lejos de todo, así como al control de restablecerlo. Los individuos traídos al mundo bajo el signo de Acuario, echar un vistazo en el mundo como un lugar lleno de posibles resultados. Acuario es un signo de aire, y de ahí, utiliza su cerebro en cada oportunidad. En la remota posibilidad de que no hay ninguna incitación psicológica, se han agotado y se quedan cortos en la inspiración para lograr el mejor resultado.

El planeta decisión de Acuario, Urano tiene una mansa, inesperada y ahora de nuevo y la naturaleza enérgica, sin embargo, del mismo modo que da la calidad visionario Acuario. Son aptos para ver el futuro y saben exactamente lo que tienen que hacer cinco o bastante tiempo a partir de ahora.

Urano, además, les dio la intensidad del cambio ágil y sencilla, por lo que se conocen como intelectuales, progresistas y humanistas. Se sienten muy bien en una reunión o en una red, por lo que continuamente se esfuerzan por ser abarcados por otros individuos.

La relativa a la cuestión más para el acuario concebida es la inclinación que están restringidos u obligados. A causa de las ansias de oportunidades y la equidad para todos, que se esforzará constantemente para garantizar el derecho a hablar libremente del discurso y el desarrollo. Aquarius-concebido tiene una notoriedad por ser fríos e inhumanos gente, sin embargo, esta es sólo su componente de protección contra la cercanía a destiempo. Tienen que encontrar la manera de confiar en los demás y expresar sus sentimientos de una forma de sonido.

• Piscis

Piscis son vecindad, por lo que terminan regularmente en una organización en conjunto de individuos diferentes. Piscis son magnánimos. Ellos están siempre dispuestos a ayudar a otras personas, sin querer volver nada. Piscis es un signo de Agua y considerando todas las cosas este signo del zodiaco es descrito por la simpatía y comunicado límite entusiasta.

Su planeta Neptuno decisión es, por lo Piscis son más naturales que otros y tienen una capacidad imaginativa. Neptuno se asocia con la música, por lo Piscis inclinaciones musicales destape en las fases más puntuales de la vida. Ellos son liberales, humano y muy confiable y minding. Los individuos traídos al mundo bajo el signo de Piscis tienen una comprensión instintiva del ciclo de existencia y de esta manera lograr la mejor asociación de entusiastas con diferentes criaturas.

Piscis-concebidos son conocidos por su inteligencia, sin embargo, afectados por Urano, Piscis de vez en cuando pueden desempeñar el trabajo de un santo, con el fin de agarrar el ojo. Piscis son rara vez se juzga y continuamente simpático. Ellos son igualmente conocidos para ser más tolerante de todos los signos del zodiaco.

Capítulo 3: Introducción a los planetas

Cristal mirar es alrededor del Sol, la Luna, y los nueve planetas-estos son en el corazón mismo de la adivinación, tanto antiguos como actuales. Nos presumiblemente como un todo saber algunas cosmologías, con sólo haber visto el Sol y la Luna en el cielo, y la gran mayoría de nosotros hemos observado Venus y Júpiter considerablemente, más de una vez; sin embargo, lo que tenemos que darnos cuenta que aquí es algo más que la estimación galáctica de estos cuerpos, necesitamos saber su valor profético. ¿Qué significan estos cuerpos en nuestros contornos natales?

El profeta celeste vanguardia se da cuenta de que los planetas no hacen las cosas ocurren aquí en la Tierra. Vemos los ejemplos planetarios perpetuos enmarcar y disolviendo en el cielo, tanto como vemos aviones componer las letras de humo en el cielo, y se intenta leer esa composición. ¿Qué está pasando ahí fuera en el espacio y lo que está pasando aquí en la tierra son a la vez que ocurre en un momento similar y un espacio general similar? Algo muy parecido está pasando por todas partes, y no son simplemente diferentes métodos para comunicarla. observadores de cristal encontrar la manera de leer detenidamente el lenguaje de los planetas y las estrellas para que puedan tanto más probable es comprender lo que está pasando aquí en la Tierra. Los actores clave en esto son el Sol, la Luna y los planetas.

Tal vez la primera idea más importante a destacar es que estos organismos por ahí no son simplemente sustancias desprendidas. Ellos trabajan y cubren todos juntos, el grupo cerca del planetario. Lo que, es más, todos ellos han estado haciendo esto durante un lapso de tiempo extremadamente largo, por lo que han descubierto las separaciones perfectas para mantener, unos de los otros, ya que todos ellos círculo alrededor del Sol Este marco ajustado incorporado está más experimentado que siempre podemos cuantificar y, presumiblemente, duran más que cada vez que nos podemos imaginar. Ahora cada vez, todo este marco se ha establecido y ha descubierto su propia musicalidad y el ritmo especial.

Cuando nos sentamos, en la Tierra, hay dos planetas dentro del círculo de la Tierra, Mercurio y Venus, y varios planetas fuera de ese círculo: Marte, Júpiter, Saturno, y así sucesivamente. Paso a paso, tiempo durante el grabado, cada uno de estos cuerpos maravillosos increíbles ha dibujado alrededor de él una gran medida de la leyenda e importancia. Estos no son sólo una gran cantidad de rocas que giran alrededor del Sol Hay cada vez más pruebas de que todo nuestro sistema planetario cercano, sin embargo, todo nuestro universo, es un marco inteligible que de un modo u otro imparte el interior de sí mismo, en todo caso, transmite los datos suficientes para mantener en quedarse sin defectos-lúcida.

Tal vez su presentación, hasta ahora, a esta leyenda y convención, se suma a un mínimo de más de estado de los individuos lo que ha escuchado, posiblemente cosas, por ejemplo, "Es de Mercurio retrógrado, por lo que no firman el acuerdo", o " la sede de su reunión en la luna llena, que es el punto en el que la vitalidad es alta ". Lo que tenemos que hacer aquí se deja de lado el esfuerzo para realmente conocer los planetas y lo que necesitan para un estado a nosotros.

• Las luces

Los dos cuerpos más significativos son el Sol y la Luna, y, a lo largo de toda la existencia de la adivinación, este par, juntos, se clasifica "las luces". Uno destellos de luz y la refleja diferentes. No se puede mirar legítimamente en el Sol, sin embargo, se puede, más o menos, descubre su camino alrededor en la oscuridad por la luz reflejada de la Luna por la noche resplandor. Lo que, es más, el Sol no es simplemente un cuerpo más en el grupo planetario cercano; es el cuerpo alrededor de los cuales la mayoría de los otros rotar el corazón y el centro de coordinación del sistema planetario cercano. El Sol es más importante, el cuerpo más importante de todo el marco, cósmicamente; sin embargo, además proféticamente. No hay correlación.

En este sentido, la Luna es el cuerpo glorioso segundo más importante, no sobre la base de que tenga algún fuera de la misa o la importancia de cómo impacta en la tierra, pero ya que se trata de la forma principal por la que puede llegar la luz del Sol que no sea del sol mismo. Nosotros tomamos en su conjunto un vistazo a la Luna, no podemos investigar el Sol Desde el comienzo de la adivinación, se ha hablado mucho de la forma en que la Luna se transporta hacia adelante y atrás entre el espacio más allá del círculo grande del mundo y el espacio dentro de ese círculo. Se ha dicho que continuamente nos refuerza la luz del sol, poco a poco, con el objetivo de que podemos aclimate en nuestras vidas, más bien como una madre extraordinaria apoyarnos. Lo que, es más, la Luna está cargado con rompecabezas. Los misterios de la Luna han sido una pieza básica de la misteriosa leyenda desde hace mucho tiempo.

• El sol

El Sol no es un planeta, sin embargo, una de las luces, y es fundamental para todos nosotros. Es la fuente de toda la vida calidez y la luz, y el centro en torno al cual todo el grupo cercano de los planetas giran. En la adivinación, el Sol ha representado siempre el mismo, con un capital "S" Tiene un lazo inseparable a lo que tratarán de encontrar, lo que nos gustaría a moverse hacia el devenir, y lo que valoramos en la edad madura. Es un punto de referencia definitiva. El Sol es todo el procedimiento de la vida. Tal vez todo lo que podría decirse es: el sol está brillando.

• La luna

La Luna, de ninguna manera un planeta, es el guardián de la Tierra. Ella invierte su energía a partir de la realización dentro del círculo del mundo hacia el exterior, y la espalda. Los espejos de la luna la luz del sol como lo haría un espejo extraordinario, iluminando la noche de nuestras vidas, redistribuyendo interminablemente la luz del sol con alimentación a lo largo de sus etapas. Ella es la madre extraordinaria, la cuidadora, y el vientre de la que surge toda la vida. La Luna tiene numerosos acertijos, algunos de los cuales vamos a entrar en otra área. Por el Sol, la Luna es el órgano más importante en el cielo para nosotros.

• Otros planetas externos

En cualquier caso, desde donde nos sentamos en la Tierra, hay planetas dentro del círculo del mundo (Mercurio y Venus), y los planetas últimos círculo del mundo (Marte, Júpiter y Saturno). Lo que, es más, más allá de esto, tenemos los planetas Urano externos o sobrenaturales, Neptuno y Plutón, que vamos a contemplar más tarde pretendido. Puesto que vivimos aquí en la Tierra, podemos ver ya sea interna hacia el Sol, los planetas Mercurio y Venus, los planetas interiores (oscuramente, estos planetas son una parte de nuestra vida interior, ya que hemos llamado la atención) o podemos mirar fuera de nosotros mismos, a los planetas Marte, Júpiter y Saturno. Estos son exteriores o fuera de nuestra piel. ¿Qué tal si empezamos con estos últimos tres planetas; el pedido de ellos, Marte, Júpiter, Saturno, tal como existen fuera del círculo de la tierra, que es significativo, ¿y nos revela algo?

Tenemos varias áreas en la comprensión de los planetas incorporados a este curso, por lo que puede buscar uno que más le convenga. Aquí están claras representaciones cortas.

• Mercurio

la comunicación Mercurio significa de todas formas. Esto incluye los pensamientos, ideas y palabras, todo lo cual puede ser o escritos chisme, mensajes y noticias. Estos spin-off a los hechos, papeles, cartas, documentos y papeles, en general; También, la educación, la lógica, la razón y todos los procesos mentales.

• Venus

Venus significa posesiones, adquisiciones y dinero; Por lo tanto, este planeta también se refiere a la joyería, artículos de decoración, museos, varios diseños, y el arte en el sentido general. También puede indicar las mujeres más jóvenes. Esto puede ser una novia o amante.

• Marte

Marte significa fuerza. Como resultado, este planeta pertenece a los cazadores, aventureros, las armas, la fuerza de policía y soldados. Esto también incluye a los deportistas, deportes y ejercicio. También puede implicar la violencia, el crimen, guerra, combate, y los enemigos cuando se habla de este planeta.

• Júpiter

Júpiter tiene algo que ver con la sucesión, el éxito, y cualquier continuidad sencilla. Esto se refiere a cómo las personas se las arreglan para dar continuidad en la vida. La palabra hindú para Júpiter es Gurú, lo que nos dice mucho. Este planeta es considerado como nuestra guía, nuestro maestro. Nos muestra las maneras de conseguir a través de esta vida. Ruta o el éxito en cualquier carrera como Júpiter indica nuestro llamado o vocación y la carrera. Esto también incluye la forma en que resolvemos los problemas que la vida decide tirar en nosotros.

• Saturno

Saturno significa límites, límites, restricciones y límites. Por lo tanto, este planeta implica la imaginería de los dientes, la propiedad, esqueletos, fundaciones, edificios, y mucho más. Además, este planeta considera organizaciones, corporaciones, el tiempo, las leyes y reglas.

• Urano

Urano significa descubrimientos, invenciones, patentes, electricidad, computadoras, conocimiento, innovación, tecnología y más. Además, se refiere a la revolución, la libertad y la rebelión. Por otra parte, imaginarios como rayos, terremotos, accidentes, divorcio, eventos repentinos, y la separación se asocian a este planeta.

• Neptuno

Neptuno significa el abrazo, la compasión, la estimación, unión, unidad, océanos, mares y otros cuerpos de agua. Además, este planeta pertenece a la película, imágenes, películas, fotografía y música, así como el alcohol, las alucinaciones, y un escape.

• Plutón

Plutón significa extrema sensibilidad y vulnerabilidad, la transformación, y cualquier cambio profundo. Esto también se refiere a todas las cosas enterradas y ocultas, lo oculto, detectives, las investigaciones, las grandes empresas, y la política del poder.

Capítulo 4: El diagrama del horóscopo

• ¿Cuál es el diagrama del horóscopo?

Afirman los individuos no acompañan un manual de orientación. ¡Tenemos la tendencia a estar en desacuerdo! Su esquema de cristal mirando sostiene el camino en su carácter y forma. Un nacimiento de cristal mirando contorno-adicionalmente se conoce como gráfico natal adivinación o el horóscopo, está gráfico de una guía de dónde estaba cada uno de los planetas en su viaje alrededor del Sol (desde nuestro punto de vista en la tierra) en el minuto definida que fueron concebidos. Un esquema hojeando adivinación puede descubrir sus cualidades y defectos, sus posibilidades de desarrollo del alma, la mejor planificación de sus las mayorías de los movimientos significativos.

Para calcular su cristal esquema nacimiento mirada, usted necesitará su hora, la fecha y la mancha de nacimiento. Algunas personas no tienen la menor idea acerca de su introducción en el tiempo del mundo. En el caso de que no se puede descubrir en su introducción a la declaración mundial, puede tener un ir en llegar a la oficina de Registros Vitales en su estado o región de nacimiento. Por otra parte, si eso sigue sin funcionar, hacer lo más cerca de un calibre que se puede introducir o 12:00 de la tarde temprano. Sin una hora de nacimiento, que no tendrá la opción de convertirse precisamente familiarizado con su signo ascendente o ascendente. Tampoco se da cuenta de manera efectiva que alberga los planetas en su caída en el esquema. Sin embargo, todavía hay una gran cantidad de información se puede recoger mediante la introducción de la fecha y el área de nacimiento, por lo que don'

¿Qué puede encontrar un astrólogo en su diagrama?

contornos, adivinando pueden subir una increíble comprensión de sus ejemplos e inclinaciones. Son un método fenomenal para la comprensión de sus propias "lados vulnerables" y la utilización que el aprendizaje de la autoconciencia y el desarrollo personal. Puede darse cuenta de qué dones para crear y donde usted puede tener zonas inestables para crear.

Por lo general, un adivino búsquedas para un par de cosas claves en el diagrama de nacimiento:

- ¿Qué signo zodiacal y cuáles de las 12 casas cada planeta en el esquema está en.

- Venus, Marte y signo del zodiaco de la luna y de la casa de afecto.

- Saturno por donde se puede necesitar trabajar con mayor diligencia, Júpiter por donde se podía ser afortunado.

- Los "puntos de vista" o bordes enmarcados entre dos planetas.

- En el caso de que hay un "stellium" (al menos 3 planetas en un inicio de sesión único), que hace una convergencia abrumadora de una vitalidad explícita para el individuo.

- La igualación de los componentes (planetas en los signos de fuego, tierra, aire y agua) en el diagrama.

- La igualación de las características en el diagrama (planetas en cardinal, alterable o signos fijos).

- El patrón enmarcado por los planetas (hay 7 esquemas tradicionales "formas").

Un profeta celeste incluirá los componentes y las características y "puntuación" el diagrama. En la remota posibilidad de que hay una ausencia de una cualidad o poder de otro, van a exhortan al cliente sobre la mejor manera para todos los efectos traer más equilibrio en sus vidas. ¡A esto le llamamos Astro- ¡Ayurveda, ya que es la especialidad de ajustar el gráfico!

Hay varios momentos en que es particularmente productivo para investigar su gráfico, adivinando hacia el comienzo de forma consistente y en su cumpleaños. Para el Año Nuevo, nos gustaría recomendar haciendo lo que se conoce como un gráfico de viaje (además, un esquema llamado "natal, además de Viajes"). ¡Esto puede requerir la dirección de un adivino experto en razón de que el trabajo puede conseguir la comprensión desconcertante! Para esta situación, se inicia con su propio esquema de parto (parto), y contrastarlo con los planetas itinerante (en movimiento), es decir, los lugares actuales de los planetas en el cielo.

¿Qué diferentes tipos de contornos bola de cristal hay?

Gráficos de retorno solar: También conocido como el "esquema de cumpleaños," el gráfico de rendimiento alimentada por energía solar le da un diagrama de un año que sigue adelante desde su presente de cumpleaños hasta el próximo. Estos contornos se desplazarán depende de la zona. ¡Ajuste sus fiestas a las estrellas para los mejores resultados!

Tablas de compatibilidad de Astrología: no obstante, el contorno del nacimiento adivinación, se puede hacer un gráfico similitud de cristal mirando a percibir cómo va a coexistir con otros individuos. Puede emitir dos tipos de gráficos de similitud. Un gráfico sinastría mira a los planetas en su diagrama y la otra persona. contorno compuesta puntos medios de sus dos gráficos que utiliza una "técnica de punto medio." Se hace un diagrama solitario, mixto que destapa la quintaesencia de su relación. Una gráfica compuesta que se refiere a su relación como si fuera su propia sustancia o de un tercero "individuo" (¡que desde múltiples puntos de vista es válido!).

Cartas astrológicas para la planificación de eventos: Usted puede hacer diagramas para las personas y, además, para las ocasiones. Basta con invertir el esfuerzo, la fecha, y el área de la ocasión que se hace referencia y se puede emitir un cristal mirando el gráfico para ello. Por ejemplo, en caso de que esté organizando una reunión o una reunión importante terreno de juego, se puede introducir la hora, la fecha y el área de percibir cómo las estrellas se ajustan.

no debe decirse algo sobre el cristal védica mirando los gráficos?

El diagrama adivinación Western se presenta como una rueda aislado en 12 fragmentos distintos, o casas. Se remonta a Usted puede hacer un esquema védico adivinación (o cristal Jyotish mirando el gráfico) o un cristal chino mirando diagrama, que va a verificar la información de una manera inesperada.

¿En qué medida han este tipo de diagramas, adivinando estado cerca?

En Astrostyle, trabajamos con el marco de cristal mirando occidental, que se remonta a muchos años. La gente ha seguido el desarrollo del cielo ya la promoción humana desplegada. Ya en el año 6000 aC, los sumerios se dio cuenta de los viajes de los planetas y las estrellas. Alrededor de 3300 aC, los babilonios (también llamados los caldeos) comenzó a desarrollar lo que comenzaron los sumerios, construyendo el marco misterioso primaria durante más de un gran número de años. Hicieron la rueda del zodiaco que usamos hoy en día (con los planetas y las casas) en torno a 700 aC El esquema horóscopo dado cuenta más experimentado es aceptada hasta la fecha a 409 aC

Capítulo 5: Análisis de la personalidad psicológica usando Astrología

Cristal contemplando puede edificar nuestra conducta y explicar las relaciones a lo largo de la vida cotidiana. Sin embargo, no puede y no debe obligar a un individuo. Una imagen a luz celeste se compone de imágenes que han sido convertidas en palabras y modelos sólidos en el contenido de acompañamiento.

Cuando la comprensión de ellos, se encuentran inconsistencias. Por ejemplo, un segmento representa el requisito de una relación tranquila y estable, y otra zona dice que necesita la incitación y la variedad dentro de una relación. una inconsistencia lógica de este tipo contiene el desafío solicitando para expresar los dos extremos alternos. El contenido de acompañamiento no es un "horóscopo adivinación del futuro" ya que sólo usted es el modelador de la predeterminación. El horóscopo representa el "material bruto" que tiene acceso.

• Ascendente en Capricornio

Con el Ascendente en Capricornio, se establece una conexión fiable y genuina. Que busca la seguridad y reconoce los sistemas progresivos. Las personas creen que seas alguien que presta atención a la vida, por lo que el progreso hacia los objetivos de una manera restringida y consciente.

• Sol en Libra

En su ser más profundo, se toma una puñalada en la equidad, el acuerdo y la armonía. Su forma prudente y accesible le da la oportunidad de ser frecuente con numerosos individuos. Eliminación de los argumentos es una de sus preocupaciones. Al hacerlo, como tal, puede crear una amplia capacidad discrecional en el caso de que se enfrentan a la contención y no acaba de adaptarse a la armonía. Que son grandes en movimiento hacia otras personas. Al mismo tiempo, por lo general, subrayado lo que compartes, a todos los efectos y lo que se interconecta con ellos. Con frecuencia se da muy poca atención a las distinciones.

• Sol en la novena casa

Es posible que desee aplicar realmente las características descritas anteriormente ya lo largo de estas líneas de ampliar su propio marco de referencia. conclusiones de enmarcado, cuestiones relativas a la teoría y la formación, y las sociedades del exterior, al igual que el comercio con personas que piensan contrastantes y son críticos para que, de forma similar a la probabilidad de persuadir a los demás con respecto a sus sentimientos.

• Luna en Leo

Sus fuerzas de la mente creativa son muy entusiastas. Se tiene en cuenta que cada uno es una circunstancia como un componente de un entorno más prominente y responden de la misma manera con las señales emocionales. Con su calidez regular, puede ser extremadamente ganadora. Dado que usted estima consideración, tendrá, en general, de vez en cuando se coloque un montón en el punto focal de consideración.

• Luna en la casa séptima

Usted tiene un requisito increíble por ser como una sola y se siente cada vez más completa cuando se está viendo a alguien. Su manera de interceder debería hacer más sencillo el proceso para establecer contactos. Usted se esfuerza por ajustar y subrayado lo que comparte prácticamente hablando con los demás y lo que usted asocia con ellos. En la remota posibilidad de que usted reacciona una cantidad excesiva de otras personas, usted experimentará problemas en la inclinación de sus propias necesidades.

• Mercurio en Libra

Usted es un representante y no se preocupan por desafiar de forma transparente a otra persona en una discusión. Con respeto y visión natural, para todos los efectos, de manera oculta, usted se esfuerza por contar otra persona que su suposición. En el momento en que usted está comprometido con una discusión con alguien, que el estrés lo que compartes en términos prácticos; Para eliminarla contrastes.

• Mercurio en la Novena Casa

Necesita compartir sus contemplaciones y aprendizaje. Con sus capacidades académicas y verbales, es posible que desee para despertar y persuadir a otros. A lo largo de estas líneas, que son presumiblemente en forma para que funcione como un instructor, profesor, o representante de ventas.

• Venus en Virgo

La excelencia está conectado fijamente con contemplaciones útil para usted. cosas maravillosas que sólo están ahí para satisfacer el ojo con eficacia motivación que a la dirección si son merecedores de pasar el dinero en ellos. cosas deliciosas debe satisfacer asimismo una razón. Por otra parte, usted tiene ciertas medidas de gusto para los artículos de uso diario por día, por lo tanto, a la tierra y condiciones delicioso por sí mismo.

• Venus en la casa octava

Usted no tiene mucho entusiasmo para una relación superficial. Es necesario tener la energía y la sexualidad y además vivirla. En el momento de entrar en una asociación, se solicita un compromiso absoluto de su cómplice; uno casi podría decir que es necesario tener la persona en cuestión. Usted tiene un ojo agudo para lo que está cubierto y lo esconde en una organización. Debe probar partes aburridas de su cómplice. En la remota posibilidad de que su cómplice tiene un pasado que no piensa, usted apenas no tener en cuenta a la persona en cuestión hasta que lo sabes todo.

• Marte en Géminis

Lo más importante, se pone de pie por sí mismo mediante la utilización de palabras. La correspondencia es un método para que usted pueda hacer las cosas ocurren; casi podría ser conocido como un arma para su situación. Usted racionalmente crear planes de luchar y se utilicen para abogar por sí mismo intencionalmente en las discusiones. Usted reconoce diálogos vivaces y del mismo modo puede enfrentarse cuando se irrita.

• Marte en la casa sexta

Con probabilidad extraordinario, el tipo de hombre que te cautiva es un ejemplo de un gran número de estas características. Esto implica que al igual que a la tierra, y los hombres razonables con los que se puede ACE día normal a la existencia día y lograr una ocupación. Una relación de adoración que le autoriza, además, que rellene como un grupo especial debe hablar con usted.

• Júpiter en la casa séptima

Le gusta tener su cómplice que reforzar ya que esto hace que sea factible para que usted pueda mostrar a sí mismo como liberal y esperanzador. Traer una inclinación significativa para aventurarse en una relación, que no es constantemente bueno con las ideas sociales de la organización y el matrimonio. Usted, en general, tomar un vistazo a una organización desde el lado de la luz y muestran poca capacidad para hacer mella a problemas comunes juntos.

• Saturno en la casa sexta

Fundamentalmente, su tarea es aceptar la responsabilidad de su realidad, lo que significa para su vida día a día, su cuerpo y su bienestar. Esto no implica que debe ser impecable. Tal vez se puede asimismo se obligue a asignar a determinadas empresas ya lo largo de estas líneas de disminuir el peso y las solicitudes de ejecución sin que nadie más.

• Urano en la casa quinta

Se buscan resultados concebibles para la articulación que no se refieren a la norma. ¿Qué le gusta hacer teatro? Usted disfruta de cambiarse a sí mismo. Usted aprecia más de una vez mostrando a sí mismo en un atuendo alternativo. Usted es inventiva y tienen la tendencia a mostrar fuera de ti mismo.

• Neptuno en la casa octava

Es difícil para que usted pueda evaluar de manera efectiva cualidades sociales y estructuras de poder. En la remota posibilidad de que la gestión de efectivo adquirido o diferentes cualidades que han sido dotados de usted, usted puede sin esfuerzo cree que esto es una propiedad típica. Potencialmente podría pasar por sus manos.

• Plutón en la casa séptima

"Gran victoria o el busto!" es su agudeza ver a alguien. Su cómplice necesita tener está en completo - o si necesita que la persona totalmente - con el cuerpo, el cerebro y el alma. Sus conexiones son graves y enérgico. Esto incorpora probable, además, el temor de quedarse y el esfuerzo para controlar y controlar la relación y el cómplice. Una relación de afecto y sin juegos de poder, sin la prueba de la calidad de cada uno, sin energía y sin envidia se asemeja a una sopa sin sal para usted.

Capítulo 6: Lo que usted necesita saber acerca de la Numerología

Numerología es una investigación representativa de la musicalidad, ciclos, y la vibración. El cuidado cuna de la numerología está cubierto discretamente en las brumas del tiempo. ¡Si uno de alguna manera para ser definido, se podría decir la numerología tiene su cuna antes de que comiencen! En su más numerología estructura oscura esencialmente espejos las mareas y los ciclos de la creación como conjunto en movimiento por el creador.

Se identifica con la bola de cristal, un primo conocida superior del examen emblemático. Ambos están preocupados acerca de la relación de los bordes y las vibraciones que vienen alrededor debido a los ejercicios de los acontecimientos celestes y los ciclos del tiempo, el espacio y el procedimiento continuo de avance.

La investigación de la numerología se inició con empeño más puntual del hombre para comprender la relación entre el yo y el universo. En la historia escrita, se dio cuenta de que los números fueron notables en el sánscrito de la cultura hindú anticuado, al igual que en la antigua China. numerología actual, en su avance, fue igualmente afectadas por la disposición de los números árabes. Una de las ramas más significativo es en la convención y las imágenes de la Cabalá. Oriente asimismo tiene una rica convención de ofrecer un incentivo a los números. La Biblia también está lastrada con una historia significativa de las imágenes depende de los números. Dentro del contexto histórico de estas sociedades es una abundancia de visión aún desconocida depende de las lecciones recónditas de sus costumbres numéricos.

La persona más responsable para afectar la técnica para la numerología utiliza hoy en día fue Pitágoras, un pensador griego concebido entre alrededor de 600 y 590 antes de Cristo. Pitágoras estableció una escuela donde la guía de la ciencia, la música, la ciencia espacial y razonamiento fue dirigida relacionada con la inteligencia difícil de alcanzar. Mostró la conexión entre el hombre y las leyes celestes como se refleja en la aritmética de los números. A su calidad filosófica y compromisos numéricos la investigación de la numerología, como lo es hoy, se ha establecido.

Allí se dice que ha sido dos grados de clases dentro de la escuela: el exotérico y lo exclusivo. Hoy en día un gran número de esos suplentes de edad todavía ejercen su entusiasmo por los números. Las suplentes exotéricas inclinarse hacia la aritmética y la ciencia y con frecuencia tienen próxima a cero respetos por el lado natural de los números (numerología). Los suplentes difíciles de alcanzar en este día y edad pueden ser descubiertos de trabajo con la numerología y en algunos casos excepcionalmente progresó y la aritmética hipotética. Estos suplentes exclusivos anteriores, por lo general, la experiencia educativa dificultad de aprendizaje científico estándar. Curiosidad, descubrir los contadores y contadores que han trabajado con los números desde hace mucho tiempo y de repente convertido en trance con la numerología.

Los presentes investigadores y tecnólogos están dando cuenta ampliando regularmente a la utilización de vibraciones y frecuencias. El enfoque de la energía presenta diferentes utilizaciones de trabajar con ciclos comunes. Radio, TV, x-vigas, y los ciclos de sub-nucleares son algunos aspectos de la innovación de hoy en día que han abierto la puerta de entrada a una investigación más notable y uso de las normas de movimientos que se repiten. El nuevo aprendizaje de los ciclos de biorritmos ha hecho cada vez más al descubierto competentes sobre exactamente qué es tan importante para saber acerca de los ejemplos repetitivos en nuestra vida día a día.

Los físicos han descubierto que los materiales recientemente caracterizado como inactivo, así mismo tener su propia conciencia, que está constituido por su ritmo de vibración o recurrencia. Los avances en la ciencia de los materiales cuántica y la astronomía con pululan aumentando revelaciones sobre nuestro universo y nuestra relación con ella. comprensión adicional de la tripa (Grand Unified Theory) se distribuye día por día. La investigación de la numerología tiene su origen a partir llevó a cabo la manera de entender el intestino. Tal vez la numerología cada vez más importante tiene un aspecto vital para encontrarse con él directamente. La investigación de la numerología se puede tomar de un espectador del motivo del avance de un miembro consciente de ello.

Numerología, ya que se ensaya con más regularidad, proporciona métodos para la comprensión de los ejemplos repetitivos o características relacionadas explícitamente con el cierre de la persona a la vida en el hogar. Mediante la comprensión de un latido específica, termina más simple para transmitir con la vida. Con esta comprensión, se puede convertir en el as de destino, en contraposición a una víctima de las condiciones del destino. Su aplicación podría ser cada vez más importante hoy durante una época de realismo sin control y de emergencia existencial de lo que era con el buscador anticuada.

La representación auténtica dio en esto es, como una cuestión de hecho, corto y conciso. Diferentes ensayistas últimos con respecto a la materia han dado más sutilezas a la general desaprobado. La acentuación de este volumen está sobre la utilización de la información numérica en el momento actual y el lugar.

Capítulo 7: Lo que usted necesita saber acerca de Kundalini Rising

Kundalini es inerte vitalidad aceptado ser serpiente en la base de la columna vertebral. Kundalini alude asimismo a una disposición de la reflexión que se pretende cumplir con esta vitalidad. En el momento en que los individuos tienen una kundalini despertando más prana (chi) se mantiene dentro y pasa por el sistema sensorial. Se dice que el yoga puede desbloquear la vitalidad desde el chacra raíz y permitir que ésta por la columna vertebral para que pueda interactuar con su espíritu y super conocimiento. Yogi Bhajan comenzó Kundalini Yoga en Occidente a raíz de convertirse en un as a los 17 años en la India. Este tipo de yoga se llamó inicialmente Raj o Laya yoga y se transmitió a partir de un maestro y luego a la siguiente.

En el momento en que los individuos experimentan la intensidad de purificación de las kundalini crecientes, se convierten de corazón centrado y desarrollarse. ¿Así que la pregunta es, serían nuestras sociedades avancen si más personas agitaron? Nosotros, la gente, el contraste de todas las otras especies en nuestra capacidad de observarnos a nosotros mismos dentro de un universo en evolución. Podemos considerar lo que hemos originadas desde y hacia dónde vamos. Sabemos registros sociales y auténtico impacto en la manera en que vivimos; hemos resultado ser progresivamente conscientes mediante la obtención de nuestra experiencia pasada. En este momento, estamos llegando a ser multidimensional.

En cualquier caso, la sociedad innovadora centrada en el hombre pone en peligro nuestro planeta. Numerosos milagros en el caso de que estamos perdiendo nuestros impulsos de resistencia con los individuos deslizándose alrededor de trance masa empujando claves en Internet, mientras que habita en, cuerpos obesos medicados. Los individuos que permiten la vitalidad kundalini a moverse en sus cuerpos transportar regularmente salir del trance en masa. ¿Qué dice la especulación planetaria-desarrollo tiene que ver con la cultura de masas?

¡La respuesta adecuada es, todo! Promulgado vitalidad kundalini es la fuente del impulso de resistencia. En el momento en que sentimos esta energía ascendente vida perfecta en nuestro cuerpo, damos de alta eros en la trampa de la vida. Un gran número de nosotros hemos encontrado que los ciclos de vida significativos pueden ser utilizados para mejorar la autoconciencia. Nuestra siguiente etapa es hacer que la creación consciente de las perspectivas más avanzadas en un objetivo social. Por ejemplo, ha llegado el momento de utilizar este aprendizaje para dirigir nuestros jóvenes. Para un gran número de años hasta que, en los últimos tiempos, los órdenes sociales humanos comenzaron sus jóvenes para que puedan explorar las entradas clave de la vida. Los niños deben entender estas diferentes partes de la vida mientras están juvenil; que es lo que moverá las sociedades y la parte posterior para ajustar planeta.

Según lo indicado por la astucia de edad del Este, el control de la serpiente kundalini se enrolla en el chacra raíz y asciende por la columna vertebral hasta la cabeza. Las investigaciones más recientes en la ciencia cerebro propone que la descarga natural está en la mente. En ese momento, de manera similar como con cada sensación humana única, lo que se transmite desde la mente se siente en el cuerpo. En el caso de que el gatillo kundalini es el cerebro, en ese momento, nuestra evaluación psicológica de nuestro propio desarrollo es el enfoque más agudamente liberación a pensar en nosotros mismos. Lo que creemos es concebible será la siguiente fase de la promoción humana.

En todo el mundo, los curadores cuerpo / mente trabajan uno-a-uno y con reuniones en talleres para ayudar a un gran número de estadounidenses que las decisiones claras reparación cuadrado. Ecofeminista, redes y ocasiones estilizadas Tierra-centrado en los destinos consagrados con los individuos indígenas están estableciendo otra estructura vitalidad. Ayudan a todos nosotros recordamos que podemos vivir en armonía y acuerdo de la dicha y la experiencia en nuestras unidades individuales de la familia una vez más. ¡Está claro que no subió las heces largo intensificación del desarrollo sin una explicación! Todo individuo que asume la responsabilidad de fósforo para el problema generalizado es una pieza de la disposición en el universo. Es importante en el caso de que se come de forma natural, protege con generosidad y asegurar la trampa de la vida. La película visionario Avatar es una propulsada composición de a lo largo de estas líneas de ser.

¿Cómo podríamos perder esta? Durante los últimos 5.000 años, la inventiva humana se ha canalizado en peleas y en las zonas urbanas y los dominios de estructura. Después de algún tiempo, los individuos llegaron a aceptar que un enemigo causa de sus problemas. El mejor enfoque para la intuición recomienda que dejamos de señalar la falla en el "otro" asumir la responsabilidad por lo que estamos haciendo a nosotros mismos, un extraordinario movimiento en el pensamiento crítico. Aquellos de nosotros que hemos logrado este nuevo punto de vista debe ser delicado con los que siguen atrapados en acusar a sus problemas de otros, ya que no dan cuenta de cómo dejar de juzgar a los demás para acusar a todo el mundo excepto a sí mismos por sus problemas.

la atención de todo el mundo se está separando la confianza en los enemigos que hay. Banca debacles causado individuos a entender que en la remota posibilidad de que uno se queda corto, todos se quedan cortos. Debemos buscar a nosotros mismos para el comienzo de los problemas. Hoy en día, muchos mantienen una distancia estratégica de cuestiones legislativas que dependen de control y el control mediante la búsqueda de enfoques significativos para ayudar a la sociedad a través de recuperar y actividad social. La posibilidad de que hacemos nuestra propia realidad puede ser la fuente de la insoportable y profundas divisiones entre las clases políticas y los reformadores sociales ya que las dos reuniones descuidan para incorporar las sustancias internas y externas. Inesperadamente, numerosos transformadores sociales pueden ver que nuestra forma de pensar hace que los resultados de las encuestas. Sea como fuere, se abstengan de mirar el contenido de sus propias personalidades, ya que de vez en cuando busque a una verdadera reparación individual a despejar agonía interna. Ellos creen que no poseen energía para el trabajo recuperándose individual, ya que no deben escatimar el mundo.

Hemos ido a un punto en el que la batalla en el mundo exterior se ha ido a un ápice, poderosa y deliciosamente marcado por una progresión de siete plazas entre Urano y Plutón durante 2012-15. Urano rige el cambio y Plutón rige el cambio confuso; las plazas están limitando todo el mundo para procesar los resultados de 5000 años de cultura centrada en el hombre. ¡Sin embargo, la fuerza de templado de estas plazas de Urano-Plutón hace que toda sensación terrible!

Numerosas funciones indígenas y ocasiones sociales del mundo desde 1987 hasta 2012 dependían de diferentes lecturas del calendario maya al igual que las predicciones anticuados. Sinfónicos Convergencia en agosto de 1987 comenzó esta etapa extraordinaria, y ahora estamos entrando en otro mundo. El final de este largo ciclo en 2012 nos descargada para recoger el interés consciente en diferentes medidas, por ejemplo, en el centro galáctico. El investigador Terence McKenna dijo una vez que estaban siendo destruidos a un salto transformador por un conocimiento divina coordinar el avance planetario. Como hemos estado viendo a nosotros mismos en la corriente del desarrollo, estamos intrigados por historias de la creación y revelaciones arqueológicas. En cualquier caso, este es un momento arriesgado ya las religiones monoteístas mundiales masculinos-prevaleciente se oponen a la posibilidad de que el ser humano se agitó. Esta cepa, tan evidente en el estado crítico de los problemas del mundo, implica que estamos en el punto más difícil. La sociedad centrada en el hombre no puede seguir dañando el mundo. Debemos accionar ladylike poderes y utilizar las aptitudes-sano juicio para neutralizar esta desigualdad.

un poder extraordinario es accesible a las personas en su naturaleza una dama promulgada, la capacidad innovadora de todo lo abarca la sincronización cerebro. En el momento en nuestro instinto derecha cerebro funciona el trabajo conjunto con nuestra mente-izquierda excepcionalmente crecido, buscamos una cultura pacífica e imaginativos que pueden estimular el avance total de conocimiento. No vamos a ser aislado por desprendimiento vano cuando nos damos cuenta que no somos el más mínimo poco mejor que algunos otros componentes o especies.

La cosmovisión maya es chamánica, es decir, una cultura que creó a propósito sincrónicos puntos de vista, el instinto y observaciones multidimensionales. sociedades chamánicas aman la hembra, fuente de la vida; en ese momento masculina y femenina en conjunto hacen lo que se refiere siempre. Encontrar la manera de utilizar la vitalidad kundalini hace un balance de los órdenes sociales humanos. Es el mejor método para provocar la actuación masa de los poderes chamánicos que la falsedad aletargado en nuestros cuerpos. Somos el fuego sagrado. En verdad, hay un punto increíble de referencia para que el cambio de la persona está en el centro de una sociedad iluminada. Hay un sinfín de casos de las sociedades antiguas que existían en un estado de armonía y concordancia para cientos e incluso un gran número de años que dependen de esta convicción. Estas sociedades han abandonado estético, compuesto, y los registros arqueológicos de crear profundamente procedimientos chamánicos. sociedades mayas y egipcios florecen con tal prueba, y los individuos Hopi del sagrado distrito cuatro esquinas del suroeste de Estados Unidos todavía mantienen una cultura chamánica es que a partir de ahora un gran número de años de edad. Volviendo más alejadas en el tiempo, que en su conjunto se deslizan entre los individuos de la diosa madre. Independientemente tenemos esta memoria profunda de cómo hacer y vivir en el planeta en una zona tranquila, de manera sólida. De 12.000 a alrededor de 3.500 años antes, la vida era fundamentalmente tranquilo, como se indica por los investigadores tales activistas de las mujeres extraordinarias como Marija Gimbutas, William Irwin Thompson, Gerda Lerner, Riane Eisler, y María Settegast. Parto y una sensación de que todo procedentes de la hembra estaba en el punto focal de esta cultura diosa. sociedades mayas y egipcios florecen con tal prueba, y los individuos Hopi del sagrado distrito cuatro esquinas del suroeste de Estados Unidos todavía mantienen una cultura chamánica es que a partir de ahora un gran número de años de edad. Volviendo más alejadas en el tiempo, que en su conjunto se deslizan entre los individuos de la diosa madre. Independientemente tenemos esta memoria profunda de cómo hacer y vivir en el planeta en una zona tranquila, de manera sólida. De 12.000 a alrededor de 3.500 años antes, la vida era fundamentalmente tranquilo, como se indica por los investigadores tales activistas de las mujeres extraordinarias como Marija Gimbutas, William Irwin Thompson, Gerda Lerner, Riane Eisler, y María Settegast. Parto y una sensación de que todo procedentes de la hembra estaba en el punto focal de esta cultura diosa. sociedades mayas y egipcios florecen con tal prueba, y los individuos

Hopi del sagrado distrito cuatro esquinas del suroeste de Estados Unidos todavía mantienen una cultura chamánica es que a partir de ahora un gran número de años de edad. Volviendo más alejadas en el tiempo, que en su conjunto se deslizan entre los individuos de la diosa madre. Independientemente tenemos esta memoria profunda de cómo hacer y vivir en el planeta en una zona tranquila, de manera sólida. De 12.000 a alrededor de 3.500 años antes, la vida era fundamentalmente tranquilo, como se indica por los investigadores tales activistas de las mujeres extraordinarias como Marija Gimbutas, William Irwin Thompson, Gerda Lerner, Riane Eisler, y María Settegast. Parto y una sensación de que todo procedentes de la hembra estaba en el punto focal de esta cultura diosa. y los individuos Hopi del sagrado distrito cuatro esquinas del suroeste de Estados Unidos todavía mantienen una cultura chamánica es que a partir de ahora un gran número de años de edad. Volviendo más alejadas en el tiempo, que en su conjunto se deslizan entre los individuos de la diosa madre. Independientemente tenemos esta memoria profunda de cómo hacer y vivir en el planeta en una zona tranquila, de manera sólida. De 12.000 a alrededor de 3.500 años antes, la vida era fundamentalmente tranquilo, como se indica por los investigadores tales activistas de las mujeres extraordinarias como Marija Gimbutas, William Irwin Thompson, Gerda Lerner, Riane Eisler, y María Settegast. Parto y una sensación de que todo procedentes de la hembra estaba en el punto focal de esta cultura diosa. y los individuos Hopi del sagrado distrito cuatro esquinas del suroeste de Estados Unidos todavía mantienen una cultura chamánica es que a partir de ahora un gran número de años de edad. Volviendo más alejadas en el tiempo, que en su conjunto se deslizan entre los individuos de la diosa madre. Independientemente tenemos esta memoria profunda de cómo hacer y vivir en el planeta en una zona tranquila, de manera sólida. De 12.000 a alrededor de 3.500 años antes, la vida era fundamentalmente tranquilo, como se indica por los investigadores tales activistas de las mujeres extraordinarias como Marija Gimbutas, William Irwin Thompson, Gerda Lerner, Riane Eisler, y María Settegast. Parto y una sensación de que todo procedentes de la hembra estaba en el punto focal de esta cultura diosa. Volviendo más alejadas en el tiempo, que en su conjunto se deslizan entre los individuos de la diosa madre. Independientemente tenemos esta memoria profunda de cómo hacer y vivir en el planeta en una zona tranquila, de manera sólida. De 12.000 a alrededor de 3.500 años antes, la vida era fundamentalmente tranquilo, como se indica por los investigadores tales activistas de las mujeres extraordinarias como Marija Gimbutas, William Irwin Thompson, Gerda Lerner, Riane Eisler, y María Settegast. Parto y una sensación de que todo procedentes de la hembra estaba en el punto focal de esta cultura diosa. Volviendo más alejadas en el tiempo, que en su conjunto se deslizan entre los individuos de la diosa madre. Independientemente tenemos esta memoria profunda de cómo hacer y vivir en el planeta en una zona tranquila, de manera sólida. De 12.000 a alrededor de 3.500 años antes, la vida era fundamentalmente tranquilo, como se indica por los investigadores tales activistas de las mujeres extraordinarias como Marija Gimbutas, William Irwin Thompson, Gerda Lerner, Riane Eisler, y María Settegast. Parto y una sensación de que todo procedentes de la hembra estaba en el punto focal de esta cultura diosa. según lo indicado por los investigadores tales activistas de las mujeres extraordinarias como Marija

Gimbutas, William Irwin Thompson, Gerda Lerner, Riane Eisler, y María Settegast. Parto y una sensación de que todo procedentes de la hembra estaba en el punto focal de esta cultura diosa. según lo indicado por los investigadores tales activistas de las mujeres extraordinarias como Marija Gimbutas, William Irwin Thompson, Gerda Lerner, Riane Eisler, y María Settegast. Parto y una sensación de que todo procedentes de la hembra estaba en el punto focal de esta cultura diosa.

individuos actuales no tienen muchos recuerdos sociales desde antes de 12.000 años antes a causa de las perturbaciones que casi destruyeron nuestro planeta, sin embargo, la cultura va diosa ruta una vez más en las brumas del tiempo. La caída de la cultura minoica 3500 años antes de terminada la cultura diosa primordial con la emisión de un resorte colosal de borbotones de lava en Santorini que arrojó el cuenco Egeo en una edad mucho tenue. temor extraordinario de la naturaleza dio lugar a Occidente que a la larga llevó a la idea mal concebida que Dios hizo el mundo para la utilización general masculina. La presencia de este largo período de la antigüedad es un signo seguro de que podríamos hacer tal cultura de nuevo por la gente de unión, junto con sus objetivos.

Conclusion

Gracias por haber pasado a la final de "Astrología: Una guía para principiantes a entenderse a sí mismo y otros a través de los 12 signos del zodíaco y los horóscopos para el crecimiento espiritual. Dominar su destino gracias a la numerología y Kundalini Rising (Propósito del alma)", esperemos que se haya podido recordar algunos de los puntos clave en este .libro

La situación de los planetas en la hora de nuestra introducción al mundo que nos provoca en el reconocimiento de los aspectos débiles o sólidos de nuestra vida. Cristal gazing nos puede ayudar a entender mejor las ocasiones de nuestro pasado. Aparte de ayudar en mantenerse alejado de las tensiones en las conexiones conyugales, negocios, y las cuestiones de expertos, cristal contemplando asimismo ayuda a conseguir una carga de buen bienestar, el éxito y avance profunda. Con la ayuda de la bola de cristal, podemos encontrar qué características que buscamos en un cómplice y la manera de vencer a cualquier contradicción, ya vamos a tener una comprensión superior de los diversos personajes.

Horóscopo nos puede dar una comprensión de la mentalidad y los atributos de los individuos con los que vivimos. En este sentido, podemos tanto más probable es ajustar mutuamente a sus cualidades y defectos y que del mismo modo podemos mantener lejos de los enfrentamientos y disminuir los resultados negativos de las diferencias en los caracteres.

Cristal mirando es una ciencia impresionante que nos da el poder para investigar lo que está por venir. Cristal mirando pueda demostrar lo que nos anticipa más adelante, lo que las energías quedan por delante y cuando es el mejor momento para hacer un movimiento para lograr sus objetivos. En este sentido, si tenemos en todo caso un signo fundamental de lo que nos anticipa, podemos resolver sobre las opciones de toda la manera más eficaz.

Numerosas personas aceptan que la contemplación de nuestro diagrama profético nos revelará que los signos que son buenos con. El examen de los diagramas celestes de dos personas puede decidir su nivel de similitud, independientemente de si se trata de sentimiento, relaciones de negocios o compañerismo.

Sin embargo, nos gustaría solicitar de usted una revisión en Amazon respecto a su experiencia con este libro.

CPSIA information can be obtained
at www.ICGtesting.com
Printed in the USA
BVHW061614020321
601493BV00002B/264